Mein Sprachbuch **3**

Das bärenstarke Arbeitsheft

Ausgabe Bayern

Gabi Hahn, Regensburg

Margit Haneder, Regensburg

Ursula Köppl, Regensburg

Ursula von Kuester, Herrsching

Theresia Pristl, Regensburg

Johanna Schmidt, Regensburg

Sonja Syemushyn, Regensburg

Oldenbourg Schulbuchverlag, München

Redaktion:
Angela Ziegler-Heitbrock, Herrsching

Illustration:
Jutta Garbert, Sigrid Leberer (S. 55), Christa Unzner

Umschlagkonzept:
Mendell & Oberer, München

Umschlaggestaltung und Layoutkonzept:
Erasmi + Stein, München

Layout und technische Umsetzung:
Ines Schiffel, Berlin

Textrechte:
S. 54: Angela Ziegler: Wie bin ich? (Originalbeitrag);
S. 57: Eva Maria Kohl: Wo wohnen die Wörter?
In: „Rund um Kreatives Schreiben"
Cornelsen Verlag, Berlin 2007.

Zu dem Unterrichtswerk **Mein Sprachbuch 3** gehören:

Mein Sprachbuch 3 – Schülerbuch
136 Seiten, vierfarbig   ISBN 978-3-7627-0514-7

Das bärenstarke Arbeitsheft 3
80 Seiten, vierfarbig   ISBN 978-3-7627-0515-4

Kennzeichnung der Anforderungsbereiche:

③ Wiedergeben (AB 1)

③ Zusammenhänge herstellen (AB 2)

③ Reflektieren und beurteilen (AB 3)

www.cornelsen.de

1. Auflage, 6. Druck 2022

Alle Drucke dieser Auflage sind inhaltlich unverändert
und können im Unterricht nebeneinander verwendet werden.

© 2015 Cornelsen Schulverlage GmbH, Berlin
© 2018 Cornelsen Verlag GmbH, Berlin

Druck: H. Heenemann, Berlin

ISBN 978-3-7627-0515-4

PEFC zertifiziert
Dieses Produkt stammt aus nachhaltig
bewirtschafteten Wäldern und kontrollierten
Quellen.
www.pefc.de
PEFC/04-31-1156

Zeichenerklärung:

ICH Denke zuerst alleine nach.

DU + ICH Wie macht es dein Nachbarkind?
Warum so? Sprecht darüber.

WIR Stellt eure Ergebnisse in der Klasse vor.
Was meinen die anderen?
Entscheidet gemeinsam.

Schreibe in dein Heft.

Schreibe in dein Lerntagebuch.

(3) Die Zahl in der Klammer verrät dir die Anzahl
der richtigen Lösungen – hier zum Beispiel 3.

 Detektivstift Klappe den hinteren Umschlag auf.
Der Detektivstift hilft dir, richtig zu schreiben.

 Übe deine Wörter mit der Wörterbox.

Die **Wörterschulen** enthalten den Grundwort-
schatz der Jahrgangsstufen 1 bis 3.

* Wörter **mit Sternchen**
sind zusätzliche Beispiele.

Der Stift in den Wörterschulen zeigt dir,
was du machen sollst – zum Beispiel
die Silben kennzeichnen.

☐ Darin ordnest du die Lernwörter: nach dem
Abc, der Silbenanzahl, nach Buchstaben
oder Wortart, nach Lieblingswörtern …

In diese Zeile kannst du ein
weiteres passendes Wort schreiben.
Die Wörterliste ab Seite 76 hilft.

In Bibus Park

Wenn du mit einem Arbeitsblatt fertig bist, suchst du hier das Tier aus dem jeweiligen Merkkasten. Du darfst es anmalen oder einkreisen.

Detektivstift Ergänze die Rechtschreib-Tricks.
Klappe die hintere Umschlagklappe auf. Der Detektivstift hilft dir.

① **1. Rechtschreib-Trick: Sil-ben** ⬚ !

a) Sprich in Sil-ben. Ergänze **e** (11), **er** (6) oder **r** (6).

Re-g__n, Ga__-ten, le__-nen, Am-p__l, Nu-d__l,

Bru-d__, lau-f__n, Pin-s__l, wa__-ten, On-k__l, ma-ch__n,

Va-t__, Bi__-ne, le-s__n, Mut-t__, la-ch__n, Schwes-t__,

Kör-p__, E__-de, Win-t__, Fa__-be, Ga-b__l, A__-me

b) Sprich in Sil-ben. Hör auf doppelte Konsonanten. Ergänze und schreibe.

wol-___en, rol-___en, kön-___en, Was-___er, Him-___el

wol-len, _____

c) Fehlt ein doppelter Konsonant (2)? Setze ein. Sprich und schreibe in Sil-ben.

Blum ⟨⟩ e, Son ⟨⟩ e, bad ⟨⟩ en, Gemüs ⟨⟩ e, al ⟨⟩ e

Blu-me, _____

d) Der **i**-Laut am Silbenende klingt lang: Schreibe **ie**! Ergänze und schreibe.

Zi___-ge, li___-gen, Bi___-ne, spi___-len, Zwi___-bel

Zie-ge, _____

e) Was fehlt: **i** (2) oder **ie** (3)? Sprich und schreibe in Sil-ben.

K ⟨⟩ ste, l ⟨⟩ ben, B ⟨⟩ lder, s ⟨⟩ ben, Sch ⟨⟩ ne

Kis-te, _____

Mein Sprachbuch 3 – Arbeitsheft © 2015 Cornelsen Schulverlage GmbH, Berlin

② **2. Rechtschreib-Trick: An** [_____] **denken!**

a) Auf die Plätze, fertig, los – Satzanfänge schreibt man groß!
   Schreibe richtig:

hallo Kinder! ich heiße Bibu.

[_____]

b) **Nomentest:** 🖐 anfassen? ddd Artikel? MZ Mehrzahl?
   Merk dir bloß: Nomen schreibt man groß. Schreibe richtig auf:

reiten, reiterin, blume, blumig, sprechen, sprecher

[_____]

c) Verlängere ich das Wort, weiß ich die Schreibung sofort.

g (2) oder **k** (2)? Schreibe jeweils das längere Wort in Sil-ben.

er den__t   er lie__t   er trin__t   er sa__t

den-ken [_____]   [_____]   [_____]

d (4) oder **t** (1)? Schreibe jeweils das längere Wort in Sil-ben.

Gel__   Han__   Lich__   run__   gesun__

Gel-der [_____]   [_____]   *run-de* [_____]

b (4) oder **p** (1)? Schreibe jeweils das längere Wort in Sil-ben.

lie__   gel__   plum__   Sta__   Lo__

[_____]   [_____]   [_____]   [_____]   [_____]

Doppelter Konsonant (4)? Schreibe jeweils das längere Wort in Sil-ben.

er wil__   es rol__t   er mal__t   dün__   hel__

wol-len [_____]   [_____]   [_____]   [_____]

i (1) oder **ie** (2)? Schreibe jeweils das längere Wort in Sil-ben.

es sp__lt   sie l__bt   er br__ngt

spie- [_____]   [_____]   [_____]

Mein Sprachbuch 3 – Arbeitsheft © 2015 Cornelsen Schulverlage GmbH, Berlin

d) Ein Ding – ein Wort! Schreibe das zusammengesetzte Nomen mit Artikel.

 Aufgabe

 Sitz

 Tüte

 Teig

 Samen

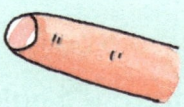 Ring

e) Zu Wörtern mit **Ä/ä**, das ist mir bekannt, sind Wörter mit **A/a** häufig verwandt.
Ergänze **Ä/ä** (4) oder **E/e** (2) und schreibe die Einzahl.

die __pfel

der Apfel

die ___ste

der

die __nten

die

die B__nke

die

die F__dern

die

die G__rten

der

③ **3. Rechtschreib-Trick: Üben und** [   ]**!**

Schreibe das Wort zum Bild. Die Wörterliste ab Seite 76 hilft.

    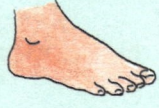

Wie konntest du die Aufgaben lösen?
Male unter jede Aufgabennummer ein passendes Gesicht:
 Leicht!   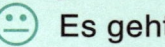 Es geht!   Ich muss dazu noch üben.

Mein Sprachbuch 3 – Arbeitsheft © 2015 Cornelsen Schulverlage GmbH, Berlin

Sil-ben

1 Wörterschule: Das machst du **immer zuerst**!

- Ziehe Sil|ben|stri|che. Überprüfe mit der passenden
  Seite im Sprachbuch oder
  DU + ICH vergleiche mit deinem Nachbarkind.
- Wie willst du die Lernwörter ordnen? Nummeriere in
  den Kästchen.

2 Erkenn den Silbenkern im Nu mit **a, e, i** und **o** und **u**.
Umlaute (**ä, ö, ü**) und Zwielaute (**au, äu, ei, eu**)
kommen noch dazu.
Schreibe die passenden Lernwörter.

G e - s c h i c h - t e

Welches Lernwort fehlt? Kreise es in der Wörterschule ein.

3 Verbinde richtig.

Silbe endet mit einem Silbenkern. •　　　　　　　• geschlossene Silbe

Silbe endet mit einem Konsonanten. •　　　　　　　• offene Silbe

Umkreise in Aufgabe 2 alle offenen Silben (3).

4 Tren-ne nur nach ei-ner Sil-be.

Achterbahn　　　*Ach-*

Gespenstergeschichte

5 Ein Buchstabe allein, das darf nicht sein! Tren-ne rich-tig:

Italien　*Ita-li-en*　　　　Ananas

Ameise　　　　　　　　Übungsheft

Rechtschreib-Trick:
Sil-ben spre-chen!

Streiche durch, was falsch ist.

**Wir trennen Wörter nur nach
einer Silbe / Lust und Laune.**

Salamander

Mein Sprachbuch 3 – Arbeitsheft © 2015 Cornelsen Schulverlage GmbH, Berlin

Richtig schreiben　Silben: Wörter trennen

6 Schreibe die Verbformen.

Grundform	ich -e	du -st	er/sie/es -t
weinen			
holen	hole		
geben		gibst	
			zählt

wir -en	ihr -t	sie -en
weinen		
	holt	
		geben

Welche Personalform ist wie die Grundform?

7 a) **ICH** ▸ Rahme in Aufgabe 6 jeden Wortstamm ein. Was entdeckst du?

b) **DU + ICH** ▸ Was entdeckt dein Nachbarkind. Ist das immer so? Untersucht Verben aus der Wörterliste ab Seite 76 und schreibt sie auf. Wie könnt ihr sie ordnen?

c) **WIR** ▸ Besprecht in der Klasse, was ihr herausgefunden habt.

8 Kreuze an, was stimmt (2):

☐ Silben erkenne ich, wenn ich das Wort klat-sche und spre-che.

☐ „Silbe" ist ein anderes Wort für „Wortstamm".

☐ Den Wortstamm finde ich so: Ich verändere das Wort und untersuche, welche Buchstaben gleich bleiben: ich hol e, du hol st, er hol t

☐ „Wortstamm" ist ein anderes Wort für „Silbe".

9 Wie trennst du die Wörter? Ziehe Striche.

Igor zählt mit dem Finger viele Dinge, auch die Bücher in seinem Regal: eins, zwei, drei, vier, fünf, sechs, sieben, acht, neun, zehn, elf. Im zwölften Buch findet er eine Geschichte, in der eine Hexe weint. Endet sie gut oder schlecht? Der Junge liest weiter.

Sprache untersuchen Verb: Grundform, Personalform

Lernen lernen: Richtig abschreiben

Die Wörterliste ab S. 76 hilft!

Wörterschule

☐ Mär|chen
☐ o b
☐ s e h r
☐ h i e r
☐ z u l e t z t
☐ K ä f e r
☐ w a n n
☐ a b
☐ d a n n
☐ _____

1 a) **DU + ICH** Diktiert euch die Lernwörter. Helft euch bei den besonderen Stellen. Sprich zum Beispiel so:

a**b** … mit **b**. _____

_____

_____

b) Wie übst du Lernwörter mit der Wörterbox? Erkläre Schritt für Schritt. Schau nach im Sprachbuch Seite 121.

2 Finde ein weiteres Wort und schreibe es in die leere Zeile. Dein Wort sollte eine Stelle haben, die du dir **besonders merken** willst.

3 Setze passende Lernwörter ein.

Die Kinder sind|an einer Quelle.|Sie sitzen|hier _____ bequem

unter einem Baum. _____ und zu summt eine Biene. Dann und

wann krabbelt ein _____ über einen Stein. Auf einmal machen

die Jungen Quatsch und quaken: „Ich bin ein _____prinz!"

Die Mädchen quieken. _____ laufen sie weg.

_____ sie nun die Buben ärgern?

4 a) **DU + ICH** Wie schreibst du einen Text fehlerfrei ab? Erklärt eure Tricks.

besondere Stellen   Sil-ben spre-chen   markieren   überprüfen   In Sinnschritte unterteilen: |

b) Schreibt den Text von Aufgabe 3 ab. Überprüft euch gegenseitig.

Schreibe Lernwörter und eigene passende Wörter auf Karteikarten. Übe mit der Wörterbox!

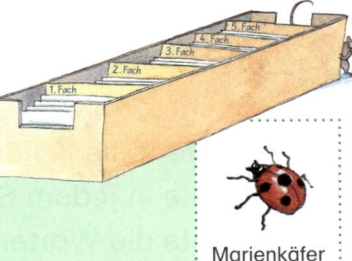

Rechtschreib-Trick:
Üben und merken!

Streiche durch, was falsch ist.

Abschreiben: Ich merke mir besondere Stellen / Strecken.

Marienkäfer

Mein Sprachbuch 3 – Arbeitsheft © 2015 Cornelsen Schulverlage GmbH, Berlin

Richtig schreiben   Rechtschreibbesonderheiten; Aufschreibtraining

Original   Fälschung

5 Finde rechts die Fehler (8).

Wie werden Nomen in anderen Ländern geschrieben?

6 Der Artikel bestimmt das Geschlecht eines Nomens.
Ordne.

Käfer, Ding, Märchen, Quatsch, Quelle, Biene, Stein, Luft, Mädchen

männlich (3): *der*

weiblich (3): *die*

sächlich (3): *das*

7 Verbinde richtig.

der   die   ein   das   eine

bestimmter Artikel   **unbestimmter Artikel**

8 Schreibe zu jedem Nomen (4) den bestimmten und den unbestimmten Artikel.

FUß, BABY, ZAHN, MEIN, VOLL, VASE

der Fuß – ein Fuß,

9 Ergänze bestimmte (5) und unbestimmte (4) Artikel.

[ ] *Käfergeschichte*

Heute ist [ ] *märchenhaft schöner Herbsttag. Auf einem Stein läuft*
[ ] *Käfer auf und ab. Nun krabbelt* [ ] *kleine Tier auf*
[ ] *Blatt. Oh, dieses hat* [ ] *sehr großes Loch! Ob* [ ]
Käfer hier herunterpurzelt? Nein, er geht um [ ] *Loch herum!*
Zuletzt bleibt er stehen und breitet [ ] *Flügeldecken aus.*

10 Verändere die Käfergeschichte. Wähle aus:
a) Stelle in jedem Satz von Aufgabe 9 die Wörter um. Schreibe.
b) Stelle die Wörter so um, dass nur Fragesätze entstehen. Schreibe.

Mein Sprachbuch 3 – Arbeitsheft © 2015 Cornelsen Schulverlage GmbH, Berlin

Sprache untersuchen   bestimmte und unbestimmte Artikel; Sätze umstellen

Adjektive

Fuchs heiß laufen böse schnell Baum fressen fremd hoch

(1) a) Welche Wortarten (3) entdeckst du in der Wörterschlange?

b) Wie fragst du nach Adjektiven?

c) Schreibe nur die Adjektive Wie? (5).

(2) Adjektive verändern sich. Setze passend ein: flink, jung, weich, fleißig, reif.

Der Baum ist [   ] – der [   ] Baum.

Der Hase ist [   ] – der [   ] Hase.

Das Moos ist [   ] – das [   ].

Die Beeren sind [   ] – [   ].

Die Ameise ist [   ] – [   ].

(3) Setze die Adjektive passend und in der richtigen Form ein:

riesig, eilig, nett, winzig, groß, ~~nah~~

Die Klasse 3b macht einen Ausflug in den *nahen* Wald.
Der [   ] Förster wartet schon. Er führt die Kinder zu
einem [   ] Ameisenhügel. Die [   ] Ameisen laufen
hin und her. Eine [   ] Ameise trägt ein [   ] Blatt
auf ihrem Rücken.

Ergänze.

Auf die Frage: Wie ist...? oder Wie sind...?

antwortet ein [   ].

Buntspecht

Mein Sprachbuch 3 – Arbeitsheft © 2015 Cornelsen Schulverlage GmbH, Berlin

Sprache untersuchen Adjektive

11

4 Schreibe zu jedem Tier seinen Namen mit Artikel: Schnecke, Rabe, Fuchs, Specht, Maus, Ameise, Reh, Wildschwein.

5 Tierrätsel: Welches Tier aus Aufgabe 4 ist das?
Unterstreiche die Adjektive `Wie?` (18). Schreibe den Namen mit Artikel.

Ich habe kurze Füße und kräftige Krallen. Mein Schnabel ist stark. Mein Federkleid ist bunt.

Ich bin sehr scheu. Ich habe große, braune Augen. Als junges Tier heiße ich Kitz.

Ich habe eine lange, spitze Schnauze Mein dichtes Fell ist rotbraun. Man sagt, ich sei schlau!

Ich habe eine stumpfe Schnauze und kleine Augen. Mein borstiges Fell ist grau. Scharfe Eckzähne habe ich auch.

6 `ICH` Wofür brauchen wir Adjektive? Überlege und schreibe auf:

`DU + ICH` Vergleicht und besprecht, was ihr herausgefunden habt.

7 Verfasst Tierrätsel. Verwendet treffende Adjektive.
Ihr könnt auch am Computer schreiben.

Mein Sprachbuch 3 – Arbeitsheft © 2015 Cornelsen Schulverlage GmbH, Berlin

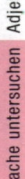

Nachschlagen und überarbeiten

1 Unterteile das Abc in kleine Gruppen.
Schreibe immer drei Buchstaben.
Verwende für die Gruppen unterschiedliche Farben.

A, B, C, D

2 Nummeriere nach dem Alphabet. Worauf achtest du? Erkläre: Ich achte …

a) □ merken, □ Dorf, □ Erde, ⒈ Arm, □ kurz, □ Wurst

b) □ Ast, □ Elster, □ Wurst, □ Arm, □ werfen, □ erst

c) □ Dohle, □ Dorf, □ Finger, □ Fisch, □ finden, □ Donner

3 Fehlerwörter! Schlag sie nach ab Seite 76. Schreibe auch das nächste Wort.

Fehlerwort	Wörterliste: Wort, nächstes Wort	berichtigtes Wort
er wiaft	*werfen,*	*er wirft*
du mergst		
die Dörver		
die Ame		
kurtz		
die Wuast		
erscht		

4 Kennst du das Alphabet auch in einer anderen Sprache?

Streiche durch, was falsch (3) ist.

**Im Wörterbuch suche ich
Nomen in der Mehrzahl / Einzahl,
Verben in der Grundform / Er-Form,
Adjektive in der Grundform / Grundschule.**

Marder

Mein Sprachbuch 3 – Arbeitsheft © 2015 Cornelsen Schulverlage GmbH, Berlin

Richtig schreiben Wörter mit r: nachschlagen

5 Entdecke rechts die 8 Unterschiede.

6 Ordne nach der Wortart.

Wurst, saftig, dörflich, Erde, kürzen, merken, werfen, stark, Arm

Nomen 👋 ddd MZ	Verb ich	Adjektiv Wie?

7 Ergänze jedes Verb mit einer passenden Vorsilbe: er-, be-, ent-, zer-.

merken _____   werfen _____

legen _____   holen _____

fahren _____   kommen _____

8 Wie verändern Vorsilben den Sinn der Verben?
Erkläre. Schreibe dazu auch Sätze, die das deutlich machen.

9 a) Wie kannst du den Text verbessern? Streiche an den passenden Stellen die
Nomen durch und schreibe die Pronomen darüber.

Diana besucht Opa. Opa wohnt auf dem Dorf.

Es gibt es viel zu tun: Zuerst schneidet Diana Äste klein,

Diana wirft die Äste auf den Hänger. Danach holt Diana Erde.

Dabei werden ihre Arme sehr schmutzig.

Zuhause bemerkt Oma kurz: „Wie siehst du denn aus?"

Dann macht Oma Wurstbrote. Die Wurstbrote schmecken gut!

b) Pronomen helfen beim Schreiben guter Texte. Warum?

Mein Sprachbuch 3 – Arbeitsheft © 2015 Cornelsen Schulverlage GmbH, Berlin

Sprache untersuchen Pronomen, Vorsilben

SB Im Wald · Seite 15, 18

Wortstamm gesucht

☐	S a c h e
☐	F i s c h
☐	H a l s
☐	S e i t e
☐	K l i n g e l *
☐	l e u c h t e n *
☐	L e n k e r *
☐	P u m p e *
☐	B r e m s e *
☐	S c h a l t e r *
☐	

1 DU + ICH ▶ Wie habt ihr die Lernwörter geordnet?

2 Kreise in jedem Wort den Wortstamm ein. Schreibe ihn.

Wortstamm : Wortfamilie

Wortstamm	Wortfamilie
☐	BREMSE, BREMSBEREIT, ABBREMSEN, BREMSEN
☐	LENKER, GELENKIG, LENKEN, ABLENKEN
☐	SACHE, SACHLICH, SPIELSACHEN

3 Ordne die Wörter aus Aufgabe 2. Welche Wörter schreibst du groß?

Nomen 🖐 ddd MZ	Verb ich	Adjektiv Wie?

4 Schreibe zu jedem Wortstamm mindestens zwei Wörter. Ein Wörterbuch hilft!

LEUCHT: _____

PUMP: _____

SEIT: _____

FISCH: _____

5 Kreuze jeweils das verwandte Wort an.

Fischer: ☐ Fichte, ☐ fischen, ☐ frisch   **Halstuch:** ☐ Halt, ☐ als, ☐ umhalsen

Sache: ☐ Schach, ☐ sachlich, ☐ sehr   **Klingel:** ☐ klingen, ☐ Klinke, ☐ Kinn

**Rechtschreib-Trick:
An Regeln denken!**

Streiche durch, was falsch (2) ist.

Wörter einer Wortfamilie / eines Wortfeldes haben den gleichen oder ähnlichen Wortstamm.

Wolf

Mein Sprachbuch 3 – Arbeitsheft © 2015 Cornelsen Schulverlage GmbH, Berlin

Richtig schreiben   Verwandte Wörter

6 Setze zusammen. Schreibe mit Artikel.

Seite   Hals   Bremse

_____   _____   _____

Raub   Luft   Klingel

_____   _____   _____

7 Setze zusammen. Worauf achtest du?

Fisch Schuppe _die_ _____

Klingel Laut _____

Luft Temperatur _____

Hals Schmerz _____

8 Umkreise in jedem Wort die Nomen. Markiere Fugenlaute.

PUMPENHAUS, PUMPENHEBEL, SEITENTASCHE, SEITENWIND, GEBURTSTAG, GEBURTSSTUNDE

9 Schreibe die zusammengesetzten Nomen aus Aufgabe 8 mit dem Artikel. Welches Nomen bestimmt den Artikel? Kreise ein. Erkläre die Regel.

das Pumpenhaus, _____

_____

10 Entdecke die Fehler (3) und schreibe richtig.

der Halstuch, der Fingering, die Geburztagskerze

_____

11 Ergänze Satzschlusszeichen: Aussagesatz . (7); Fragesatz ? (2); Ausruf ! (1)

Ben bindet sein Halstuch um ☐ Nun pumpt er das Rad auf ☐ Was für Sachen holt

er da ☐ Seitlich auf die Lenkstange legt er eine Angel ☐ Neben die Gangschaltung

hängt er Fischköder ☐ Ben klingelt und radelt los ☐ Achtung, die rote Ampel ☐

Ben bremst scharf ☐ Schon kommt ein Polizist ☐ Was wird er sagen ☐

Mein Sprachbuch 3 – Arbeitsheft © 2015 Cornelsen Schulverlage GmbH, Berlin

Sprache untersuchen   Aussagesatz, Fragesatz, Wortzusammensetzungen

Lange Laute – kurze Laute

1 a) ■ Konsonant, ■ Silbenkern   a, e, i, o, u
   au, äu, ei, eu
   ä, ö, ü
   Setze die Lernwörter ein.

Wörterschule

☐ Ka|ter*
☐ raten*
☐ Ratten*
☐ Hüte*
☐ Hütte*
☐ beten*
☐ Betten*
☐ etwas
☐ hassen*

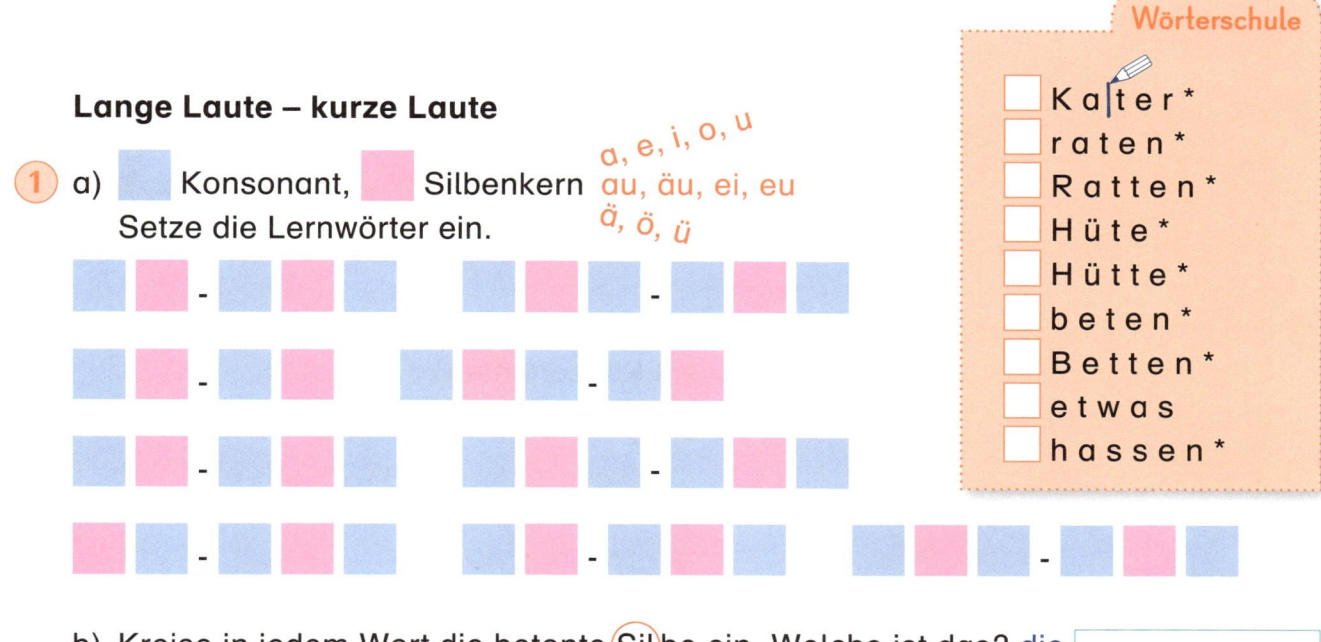

b) Kreise in jedem Wort die betonte (Sil)be ein. Welche ist das? die _____
   Wie klingt hier der Silbenkern? Kennzeichne: ▬ für lang oder ● für kurz.

2 Schreibe passend: beten, Betten, Hasen, hassen, Hüte, Hütte, Ratten, raten.

3 Ordne und schreibe die Wörter aus Aufgabe 2 in Sil-ben.

▬ lang	● kurz

4 DU + ICH Zeichnet eine Tabelle wie in Aufgabe 3. Sucht zweisilbige Wörter
in der Wörterliste oder in einem Wörterbuch und ordnet sie ein.

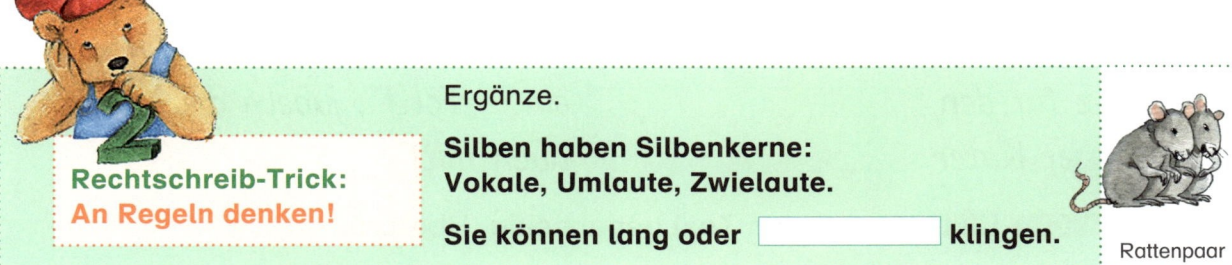

Rechtschreib-Trick:
An Regeln denken!

Ergänze.

Silben haben Silbenkerne:
Vokale, Umlaute, Zwielaute.

Sie können lang oder [_____] klingen.

Rattenpaar

Mein Sprachbuch 3 – Arbeitsheft © 2015 Cornelsen Schulverlage GmbH, Berlin

Richtig schreiben Lautqualitäten

5 Wo hat sich der Dieb versteckt?

Male ihn aus.

6 Eine offene Silbe endet mit einem Silbenkern (a, e, i, . . .).
Eine geschlossene Silbe endet mit einem Konsonanten (b, h, t, . . .).
a) Ordne die Lernwörter. Schreibe sie in Silben.

erste Silbe offen (8)	erste Silbe geschlossen (8)
Ka-	*Rat-*

b) Vergleiche diese Tabelle mit der Tabelle aus Aufgabe 3.

　　Was fällt dir auf?

c) Ist das immer so? Ordne auch diese Wörter in die Tabelle ein:
　　Rasen, Wetter, alle, spielen, haben, rollen, Monat.

7 Verlängere die einsilbigen Verben. Was fällt dir auf?
sie kann, er muss, ich will, es brennt

　　sie kann – können,

8 a) Setze nur die passenden Wörter ein.

　　beten, Betten, Hasen, hassen, Hüte, Hütte, raten, Ratten, Ofen, offen, muss, Mus

　　*Ferien! Die Kinder hüpfen aus den ＿＿＿＿. „Na, ihr
　　kleinen ＿＿＿＿!", ruft Mutter. „Wo glaubt ihr, werden wir
　　heute Abend sein?" Die Kinder ＿＿＿＿ falsch. Mutter lacht:
　　„Wir übernachten in einer ＿＿＿＿. Ich packe nur noch etwas
　　Holz für den ＿＿＿＿ ein." „Toll!", jubeln die Kinder.
　　„Unser Kater ＿＿＿＿ auch mit!"*

b) **DU + ICH** Diktiert euch den Text gegenseitig. Überprüft.

Mein Sprachbuch 3 – Arbeitsheft © 2015 Cornelsen Schulverlage GmbH, Berlin

Richtig schreiben　Lautqualitäten; Silben

Verben in der Vergangenheit

(1) Wörterschule: Betrachte die Verbpaare.
Welche Zeitformen erkennst du?

(2) **ICH** Umrahme in der Wörterschule alle
Wortstämme. Markiere in jedem
Wortstamm den **Vokal** oder Zwielaut
gelb. Was entdeckst du?

Wörterschule

☐	s p r i n g e n – s p r a n g e n
☐	f a l l e n – f i e l e n
☐	g e h e n – g i n g e n
☐	f l i e g e n – f l o g e n *
☐	l a u f e n – l i e f e n
☐	s c h l a f e n – s c h l i e f e n
☐	t r i n k e n – t r a n k e n
☐	s c h r e i b e n – s c h r i e b e n
☐	s i n g e n – s a n g e n
☐	s t e i g e n – s t i e g e n

[_____]

(3) **DU + ICH** Vergleicht und sprecht darüber,
was ihr herausgefunden habt.
Sucht weitere Beispiele in einem Wörterbuch und schreibt sie auf.

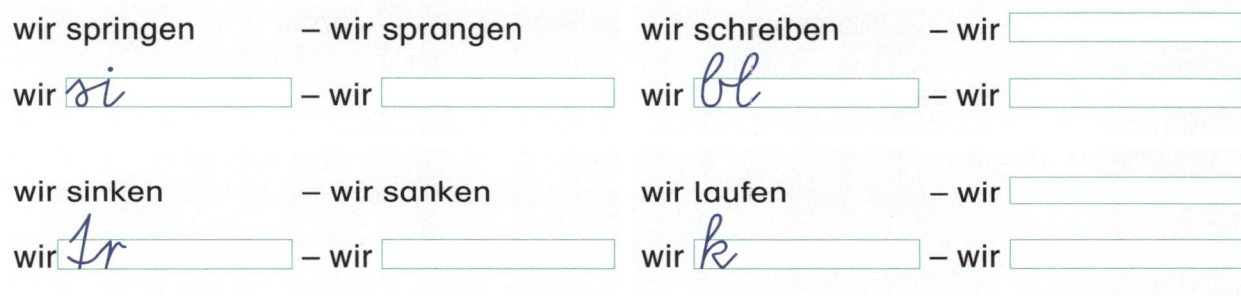

(4) Da stimmt was nicht! Reime und entdecke den Fehler.

wir springen   – wir sprangen   wir schreiben   – wir [_____]

wir *si*[_____] – wir [_____]   wir *bl*[_____] – wir [_____]

wir sinken   – wir sanken   wir laufen   – wir [_____]

wir *tr*[_____] – wir [_____]   wir *k*[_____] – wir [_____]

(5) Schreibe die Er-Form in der Gegenwart und in der Vergangenheit:
fallen, schlafen, fliegen, rufen.

[_____]

[_____]

(6) Wörterschule – wähle aus:

- Schreibe zu jeder Vergangenheitsform einen Satz.
- Schreibe eine Geschichte mit den Verben in der Vergangenheit.

Streiche durch, was falsch ist.

**Manche Verben können in der Vergangenheit
ihren Stammvokal verdoppeln / ändern.**

Igel

Mein Sprachbuch 3 – Arbeitsheft © 2015 Cornelsen Schulverlage GmbH, Berlin

Richtig schreiben   Verben: Änderung des Stammvokals

7 Pferde (8) haben sich in der Burg versteckt. Kreise sie ein.

8 a) Welche Verben gehören zusammen? Male sie in der gleichen Farbe an.

hatten	stieg	gingen	war	sangen
stiegen	hatte	ging	singen	sein
haben	steigen	gehen	waren	sang

b) Ordne die Verben.

1. Vergangenheit	1. Vergangenheit	Grundform
er _____	wir _____	_____
sie _____	wir _____	_____
es _____	wir _____	_____
er _____	wir _____	_____
sie _____	wir _____	_____

9 Unterstreiche alle Verben (10). Schreibe nun den Text in der Gegenwart ins Heft.

 *Sommerzeit*

Feine Nebel fielen am Morgen vom Himmel. Die Eltern schliefen noch in der Hütte. Schnell tranken die beiden Jungen etwas Wasser. Dann gingen sie zu den Pferden. Lustig sprangen und liefen die Tiere umher. Amseln flogen über das Gras und sangen laut. Konrad und sein Bruder stiegen auf ihre Pferde. Anna beschrieb ihnen den Weg zum Fluss.

Mein Sprachbuch 3 – Arbeitsheft © 2015 Cornelsen Schulverlage GmbH, Berlin

SB Von Rittern und Burgen • Seite 30, 33

1 Ergänze bestimmte und unbestimmte Artikel: **der, die, das, ein, eine.**

a) [   ] Schere, [   ] Schere   b) [   ] Stift, [   ] Stift

c) [   ] Heft, [   ] Heft   d) [   ] Kreide, [   ] Kreide

2 Ergänze die Tabelle.

	machen	haben	turnen	schreiben
ich	*mache*			
du				
er, sie, es		*hat*		
wir			*turnen*	
ihr				
sie				*schreiben*

3 Woran erkennst du die Grundform eines Verbs? Die Grundform …

[ ] endet häufig mit **-en**.   [ ] ist wie die **Er**-Form.   [ ] ist wie die **Wir**-Form.

4 Schreibe zum Bild das Wort.

   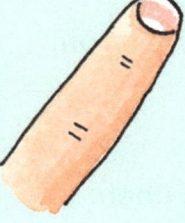 

[   ] [   ] [   ] [   ] [   ]

5 Kreise **nur die Adjektive** ein.

RUND	ÄRGER	DAVOR	LIEB
WEGFAHREN	DÜNN	ÄNGSTLICH	HEUTE
KURZ	NÄSSE	GUT	DANN	ZULETZT

Mein Sprachbuch 3 – Arbeitsheft © 2015 Cornelsen Schulverlage GmbH, Berlin

Wiederholen Seite 7–20

6 Schreibe den Satz in der 1. Vergangenheit auf:

Die Vögel singen, aber Paul schläft.

_____

7 Finde für jede Wortart zwei Beispiele.

Nomen	Verb	Adjektiv	Pronomen	Artikel

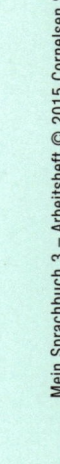

Wie konntest du die Aufgaben lösen?
Male unter jede Aufgabennummer ein passendes Gesicht:
☺ Leicht!   ☐ Es geht!   ☹ Ich muss dazu noch üben.

Notiere – wie in deinem **Lerntagebuch**.

1. Mit meinem Ergebnis bin ich

☐ sehr zufrieden   ☐ zufrieden   ☐ gar nicht zufrieden

2. Das habe ich neu gelernt: _____

_____

3. Das kann ich schon: _____

_____

4. Das will ich üben: _____

_____

5. Das nehme ich mir vor: _____

_____

Schreibe regelmäßig in dein . Warum wohl? Erkläre.

_____

_____

Mein Sprachbuch 3 – Arbeitsheft © 2015 Cornelsen Schulverlage GmbH, Berlin

Wörter mit ä und äu

Wörterschule

☐ N i k o l a u s *
☐ A r z t
☐ Z a u n *
☐ s t a r k
☐ T r a u m *
☐ M a n n
☐ H a u t *
☐ l a n g
☐ w a r m *
☐ S t a b *

(1) **DU + ICH** Wie ordnest du die Lernwörter?
Wie macht es dein Nachbarkind? Sprecht darüber.

(2) Schreibe zu jedem Lernwort ein verwandtes Wort mit
ä oder **äu**.

der Arzt – die Ärztin,

(3) Finde jeweils ein verwandtes Wort mit **a** (5) oder **au** (3).

die Bäume – _____, die Mäuse – _____,

die Bäder – _____, die Kälte – _____,

die Wälder – _____, die Häuser – _____,

die Nächte – _____, die Blätter – _____

Gute Säfte!

(4) Setze ein: **ä** (6), **Ä** (1), **e** (2), **eu** (5) oder **äu** (3).

die Schn___cke, die L___te, die B___rte, die Pl___tzchen,

die ___pfel, z___hlen, tr___men, w___hlen, das Z___gnis,

das R___tsel, die B___te, die Br___te, der Schr___ck,

die Sch___ne, die Gl___ser, h___te , die R___ber

**Rechtschreib-Trick:
An Regeln denken!**

Kreuze an, was richtig (1) ist:
ä oder **e**? **äu** oder **eu**?

Das ☐ vertauschte
☐ verwandte
☐ vereinfachte Wort hilft mir.

Maus

Mein Sprachbuch 3 – Arbeitsheft © 2015 Cornelsen Schulverlage GmbH, Berlin

Richtig schreiben Umlautung bei Verben

5 A (1), **a** (2) oder **ä** (4) ? Schreibe die Buchstaben zu den Bildern. Erkläre.

6 Schreibe die Mehrzahl.

das Haus _____   das Pferd _____

der Apfel _____   der Zahn _____

der Draht _____   die Scheune _____

der Esel _____   der Ast _____

der Platz _____   der Stamm _____

7 ◄ Aufgabe 2e   Streiche jeweils den falschen Buchstaben durch. Der Detektivstift auf der Innenklappe des hinteren Umschlags hilft dir.

6. Dez [e/ä] mber

Zwei Nikol [eu/äu] se laufen durch gef [e/ä] hrlichen Ne [e/ä] bel.

Sie halten S [e/ä] cke und P [e/ä] ckchen in den H [e/ä] nden.

Darin sind [E/Ä] pfel und Pl [e/ä] tzchen.

Sie haben schon einen l [e/ä] ngeren Weg hinter sich.

In drei H [eu/äu] sern warten noch Kinder.

Lena tr [eu/äu] mt von einem Arztkoffer.

Ob die guten M [e/ä] nner ihn bringen?

8 Schreibe den Text von Aufgabe 7 in der 1. Vergangenheit.

Mein Sprachbuch 3 – Arbeitsheft © 2015 Cornelsen Schulverlage GmbH, Berlin

Richtig schreiben Umlautung bei Verben

Am Wortende b oder p – g oder k?

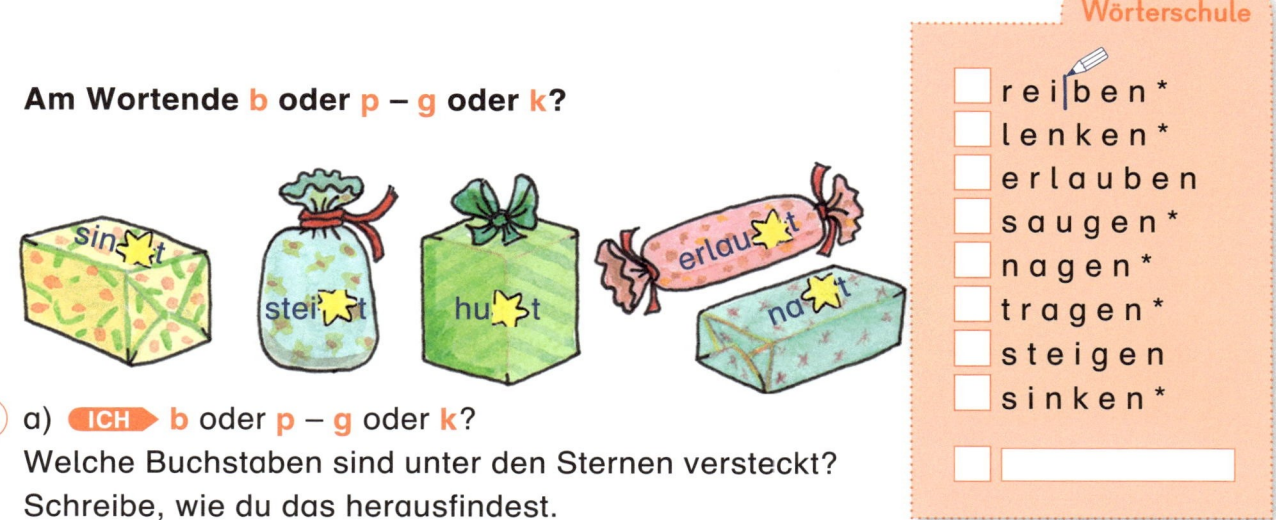

Wörterschule

- r e i b e n *
- l e n k e n *
- e r l a u b e n
- s a u g e n *
- n a g e n *
- t r a g e n *
- s t e i g e n
- s i n k e n *

1 a) ICH b oder p – g oder k?
Welche Buchstaben sind unter den Sternen versteckt?
Schreibe, wie du das herausfindest.

b) DU + ICH WIR Vergleicht eure Erklärungen und sprecht darüber.

2 b oder p – g oder k? Bilde Reimwörter und setze richtig ein.

sin⭐en	tra⭐en	len⭐en	trin⭐en
sprin⭐en	na⭐en	den⭐en	sin⭐en
klin⭐en	sa⭐en	schen⭐en	win⭐en
rei⭐en	glau⭐en	stei⭐en	ha⭐en
blei⭐en	rau⭐en	nei⭐en	gra⭐en

3 Schreibe mit Wörtern aus Aufgabe 2 kurze Sätze. Verwende Namen.

singen: Sascha singt ein Lied.

Rechtschreib-Trick:
An Regeln denken!

Kreuze richtig (1) an:
„springt" schreibe ich mit g, weil
- [ ] der Vokal kurz klingt.
- [ ] es ein Verb in der Personalform ist.
- [ ] ich das beim Verlängern deutlich höre.

Kalb

Mein Sprachbuch 3 – Arbeitsheft © 2015 Cornelsen Schulverlage GmbH, Berlin

Richtig schreiben   kombinatorische Verhärtung

4 Kreise rechts die Fehler (8) ein.

5 Vervollständige die Tabelle.

Gegenwart	1. Vergangenheit	2. Vergangenheit
er gibt		
	es stieg	
		er ist gesunken
sie trägt		
		es hat gelegen

6 Wähle aus:

a) Schreibe mit den Verben aus Aufgabe 5 kurze Sätze.

b) Schreibe zu den Verben eine Geschichte.

c) Zeichne eine Tabelle wie in Aufgabe 5, setze andere Verben ein.
   Dein Nachbarkind kann deine Tabelle ergänzen.

7 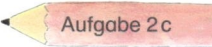 a) Berichtige die Fehler (9). Schreibe jeweils
   das lange Wort in Sil-ben dazu: er gibt, ge-ben, …

Lebkuchen backen

Lebkuchen gipt es nur zu Weihnachten. Vater erlaupt den Kindern zu backen. Neben der Schüssel liekt das Rezept. Julia reipt die Mandeln. Lars formt aus dem Teig kleine Lebkuchen. Nun trägt er das Blech zum Ofen. Bald steikt ihnen süßer Duft in die Nase. Vater saukt noch das Wohnzimmer. Im Radio sinkt ein Kint Weihnachtslieder.

b) Welche Vergangenheitsform verwenden wir meist beim Schreiben?
   Welche verwenden wir eher beim Erzählen?
   Schreibe den Text so auf, wie Oma ihn erzählen würde.

Mein Sprachbuch 3 – Arbeitsheft © 2015 Cornelsen Schulverlage GmbH, Berlin

Sprache untersuchen 1. und 2. Vergangenheit

Wörter mit ie

▢ z i e l e n
▢ v i e r
▢ t i e f
▢ v e r l i e r e n
▢ z i e h e n
▢ S t i e l *
▢ f r i e r e n *
▢ k r i e c h e n *

▢ [_____]

① **DU + ICH** Ordne die Lernwörter. Wie hat dein Nachbarkind geordnet? Vergleicht und erklärt.

② Ergänze passende Reimwörter aus der Wörterschule.

verlieren   spielen   fliehen

fr[_____]   z[_____]   z[_____]

③ Schreibe alle Wörter aus Aufgabe 2 in Sil-ben. Markiere **ie** gelb.

[_____]

[_____]

Welches Wort mit ie willst du hier einsetzen?

④ a) Betrachte und sprich die Wörter aus Aufgabe 3. Kreuze an.

Wie klingt der **i**-Laut? ▢ kurz   ▢ lang

Wo steht **ie**? ▢ am Ende der geschlossenen Silbe
▢ am Ende der offenen Silbe

b) **DU + ICH** Ist das immer so? Sucht gemeinsam die Ausnahmen.

c) **WIR** Vergleicht eure Wörter und erklärt Ausnahmen:

Wir haben entdeckt, dass …   Wir haben festgestellt, bei …

⑤ Finde jeweils das verwandte Lernwort.

die Stiele – [_____]   der Vierer – [_____]

das Ziel – [_____]   der Frost – [_____]

die Tiefe – [_____]   der Verlust – [_____]

⑥ Wähle aus: Schreibe zu jedem Verb (5) aus der Wörterschule
a) die Er-, Sie- oder Es-Form.   b) einen Satz.
c) Schreibe mit den Verben eine Geschichte.

Was schreibst du dazu in dein Lerntagebuch?

**Rechtschreib-Trick:
An Regeln denken!**

Streiche, was falsch (2) ist.

● Der Laut **ie** klingt kurz / lang.
● In mehrsilbigen Wörtern steht **ie** am Ende einer offenen / geschlossenen Silbe.

Ziege

Mein Sprachbuch 3 – Arbeitsheft © 2015 Cornelsen Schulverlage GmbH, Berlin

Richtig schreiben   Wörter mit ie

27

7 Entdecke rechts die Fehler (8).

8 Aufgabe 2f   **i** (8) oder **ie** (10)? Setze richtig ein.

Sara z___ht ___hren Schl___tten den Hang h___nauf.

Wann ist s___ am Z___l? Anton sucht eine Schneeschaufel.

Wo ist d___ m___t dem kurzen St___l? Er verl___rt seinen

Handschuh und fr___rt. Oh, je! Auf allen V___ren kr___cht er ___m

t___fen Schnee. M___st, es ___st n___chts zu sehen!

9 Ordne die Sätze aus Aufgabe 8 nach den Satzarten.
Aussagesätze (4):

Fragesätze (2):

Ausrufe (2):

Mein Sprachbuch 3 – Arbeitsheft © 2015 Cornelsen Schulverlage GmbH, Berlin

Sprache untersuchen · Satzarten

**Wörter mit
ver- und vor-**

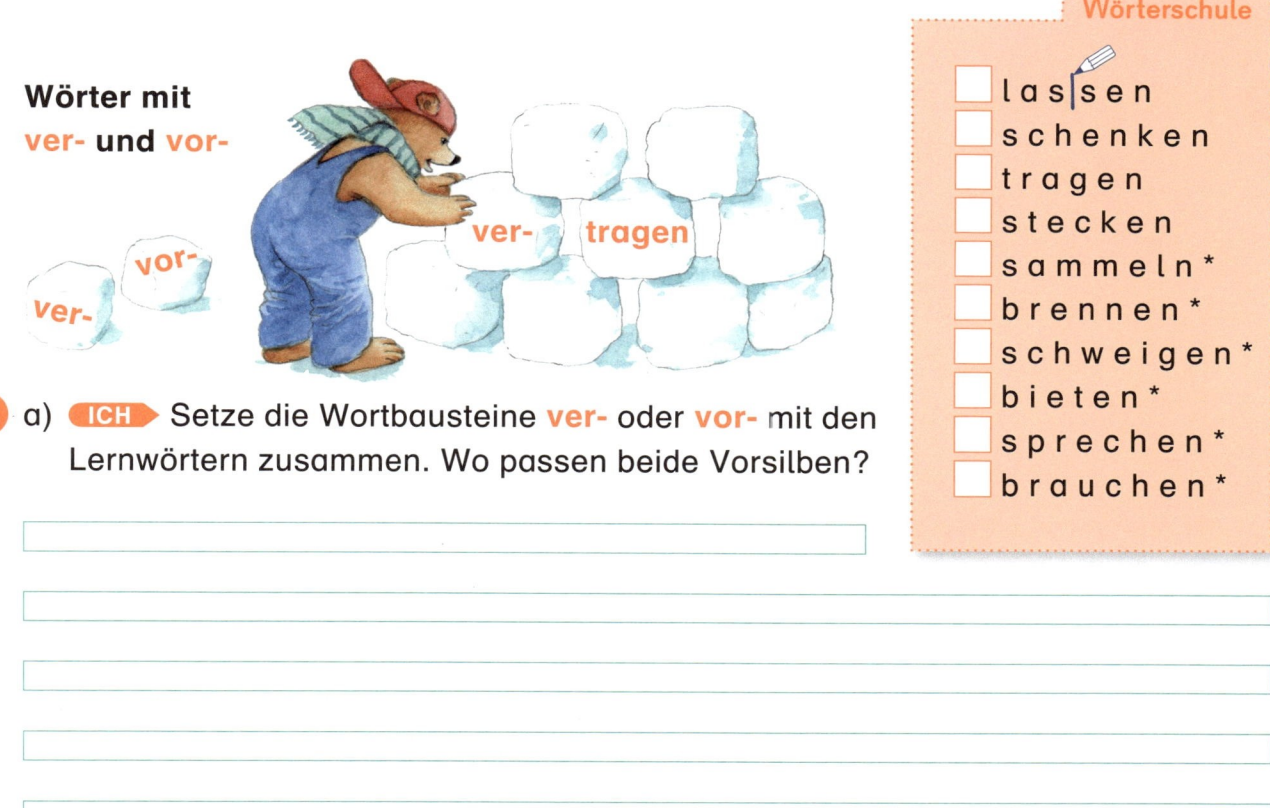

☐ l a s s e n
☐ s c h e n k e n
☐ t r a g e n
☐ s t e c k e n
☐ s a m m e l n *
☐ b r e n n e n *
☐ s c h w e i g e n *
☐ b i e t e n *
☐ s p r e c h e n *
☐ b r a u c h e n *

1 a) **ICH** Setze die Wortbausteine **ver-** oder **vor-** mit den
Lernwörtern zusammen. Wo passen beide Vorsilben?

_____

_____

_____

_____

_____

b) **DU + ICH** Wie hat es dein Nachbarkind gemacht? Gibt es unterschiedliche
Verben? Sprecht darüber.

c) **WIR** Einigt euch auf die Verben, die ihr mit beiden Vorsilben
zusammensetzen könnt. Findet Beispielsätze. Was fällt euch auf?

2 Markiere in deinen Wörtern aus Aufgabe 1 jeweils den ersten Buchstaben gelb.
Ergänze: **ver-** und **vor-** schreibt jeder Mann und jede Frau mit Vogel-____.

3 Verwende das Verb tragen und die Vorsilben **ver-** und **vor-**.

Ich darf das Gedicht [_____]   Wir haben uns [_____]

Rechtschreib-Trick:
Üben und merken!

Streiche, was falsch ist (2):

**Die Vorsilben ver- und vor- ändern oft
den Sinn / die Zeitform der Verben.**

Hirsch

Mein Sprachbuch 3 – Arbeitsheft © 2015 Cornelsen Schulverlage GmbH, Berlin

Richtig schreiben Wörter mit ver-, vor-

4 a) Male verwandte Wortpaare (4) mit gleicher Farbe an.

erlauben	finster	schön	heiter
die Finsternis	die Erlaubnis	die Heiterkeit	die Schönheit

b) Schreibe die Wortpaare, kreise die Nachsilben **-nis, -heit, -keit** ein.

c) Wie verändern die Nachsilben die Wörter? Erkläre.

5 Finde zu jedem Nomen das passende Verb ohne **ver-** oder **vor-**.

der Verbrauch, die Vorliebe, die Verschlossenheit, die Verschwiegenheit, die Vorstellung, der Vorturner, die Verlassenheit, die Vorfeier

Schreibe so:

der Verbrauch – brauchen,

6   Aufgaben 1–3 Streiche falsch geschriebene Wörter (14) durch. Schreibe den Text richtig auf.

Arbeite mit dem Detektivstift!

Ein Tag im Winter
Tif biekt der nasse Schnee heute die Este.
Gestern war das kaum forstellbar.
Fabian ist schon vorrgelaufen.
Er und seine vir Freunde Versammeln sich am Hang.
Die Kiender tragen warme Kleidung, damit sie nicht frihren. Sie zihen
einander über das Eis. Dann schiben sie Schnee zusammen. Daraus bauen
sie einen Iglu und verkrichen sich darin. Samuel verlirrt einen handschuh.

Mein Sprachbuch 3 – Arbeitsheft © 2015 Cornelsen Schulverlage GmbH, Berlin

Sprache untersuchen   Nachsilben: -nis, -heit, -keit

Doppelte Konsonanten

☐ B r i l l e *
☐ Z i m m e r
☐ e s s e n
☐ M e s s e r *
☐ s t e l l e n
☐ T a s s e *
☐ k o m m e n
☐ z u s a m m e n
☐ T e l l e r *
☐ i m m e r

1 Alle Lernwörter haben etwas gemeinsam. Kreuze an:

☐ Umlaut ☐ doppelter Konsonant ☐ doppelter Vokal

2 a) Schreibe die Lernwörter getrennt auf.
Markiere so:

Bril - le,

b) Kreise jeweils die betonte Silbe ein. Wie klingt sie?
Kennzeichne den Silbenkern mit ▬ für lang oder ● für kurz.

3 Betrachte die eingekreisten Silben. Was ist richtig?

Kreuze an: ☐ Die betonte Silbe ist eine offene Silbe.
☐ Die betonte Silbe ist eine geschlossene Silbe.

4 DU + ICH ▸ Betrachtet die Aufgaben 1 bis 3. Welche Regeln entdeckt ihr?

5 Welche Wörter passen? Auch die Wörterliste ab Seite 76 hilft dir.

ss	mm	ll

Kennst du ein Lernwort in einer anderen Sprache? Schreibe auf.

**Rechtschreib-Trick:
An Regeln denken!**

Streiche was falsch ist (2).

**Der Silbenkern vor einem doppelten
Konsonanten klingt kurz / lang.
Es ist eine offene / geschlossene Silbe.**

Frettchen

Mein Sprachbuch 3 – Arbeitsheft © 2015 Cornelsen Schulverlage GmbH, Berlin

Richtig schreiben Konsonantenverdopplung

6 **rennen, flitzen, bummeln, joggen**

a) **ICH** Welches Wort passt nicht? Streiche und begründe.

b) **DU + ICH** Gibt es unterschiedliche Lösungen?
   Frage: Was hast du … ? Warum …?

7 Setze die Verben aus dem Wortfeld „gehen" richtig zusammen.
Schreibe sie in der Grundform und der Er-, Sie-, Es-Form.

~~trip~~	krab	ent	jog	bum
gen	meln	tern	kom	ren
klet	~~peln~~	nen	beln	men

Beispiel: trippeln: er trippelt, sie trippelt, es trippelt; …

8 Was ist hier passiert? Schreibe die Sätze richtig auf.

Amma konnt zu Daniel.

In seinem Ziller steht ein Temmer mit Süßem.

Zusaffen emmen sie Wasseln.

9 Geisterstunde – Wähle aus:
a) Verbinde die Silben. Schreibe die Wörter in den Geistern vollständig auf.
b) Bilde zu den Lernwörtern Sätze.
c) Erfinde eine Geister-Geschichte.
   Verwende Wörter aus dem
   Wortfeld „gehen".

Mein Sprachbuch 3 – Arbeitsheft © 2015 Cornelsen Schulverlage GmbH, Berlin

Sprache untersuchen Wortfeld „gehen"

Noch mehr Doppelkonsonanten

Wörterschule

☐ n e t t *
☐ g l a t t *
☐ s c h n e l l
☐ n a s s *
☐ s a t t *
☐ d u m m
☐ s c h l i m m
☐ f e t t *
☐ _____

(1) Wörterschule: Welche Wortart erkennst du? _____

(2) Sprich die Lernwörter. Wie klingen sie?
Markiere jeden Silbenkern mit ▬ lang oder ● kurz.

(3) Wie kannst du diese Lernwörter in Silben sprechen?
☐ die Wörter trennen **oder** ☐ die Wörter länger machen

(4) Verlängere die Lernwörter. Schreibe in Silben und markiere so. Was fällt dir auf?

satt – sat-te,

(5) a) Umkreise jeweils die erste Silbe. Ist sie ☐ offen **oder** ☐ geschlossen?
b) Wörter länger zu machen, hilft dir, richtig zu schreiben. Warum?
Erkläre in deinem Lerntagebuch und schreibe Beispiele.

(6) Schreibe zu jedem Lernwort ein passendes Nomen. Die Wörterliste ab Seite 76 hilft.

der nette

(7)

fett	nass	schnell	glatt
B____	F____	gr____	m____
n____	H____	h____	s____

**Rechtschreib-Trick:
An Regeln denken!**

Vervollständige den Vers:

Im zweisilbigen _____

höre ich den Doppel_____ **sofort.**

Ringel-natter

Mein Sprachbuch 3 – Arbeitsheft © 2015 Cornelsen Schulverlage GmbH, Berlin

Richtig schreiben Konsonantenverdopplung

Heute kommt Walli zu spät in die Hexenschule.

Schnell stellt Walli ihre Tasche auf den Boden.

Walli hat Hustensaft, Hefte und Bücher darin.

Die Flasche mit dem Hustensaft bricht.

Nun hat Walli nasse Hefte.

8 **DU + ICH** Lies die Geschichte oben. Wo kannst du „Walli" durch ein Pronomen ersetzen (2)? Wo darfst du nicht ersetzen? Besprecht eure Lösungen. Achtet dabei auf die Gesprächsregeln: zuhören, ausreden lassen …

9 Schreibe den Text mit den Pronomen auf.

10 Was erlebt Walli noch? Setze die Wörter in der richtigen Form ein.

Für Walli (kommen) [   ] es noch (schlimm) [   ].

Sie rutscht auf dem (fettig) [   ] Boden in der Hexenküche aus.

Das Regal mit den vielen (Tasse) [   ],

(Teller) [   ], (Messer) [   ] und

(Löffel) [   ] (fallen) [   ] um.

Die (herrlich) [   ] Hexensuppe brennt an.

11 Wähle aus – du darfst auch am Computer arbeiten:
a) Schreibe Wallis Geschichte in der 1. Vergangenheit auf.
b) Erzähle die Geschichte weiter.

Mein Sprachbuch 3 – Arbeitsheft © 2015 Cornelsen Schulverlage GmbH, Berlin

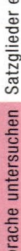

Sprache untersuchen · Satzglieder ersetzen: Pronomen

SB Wir feiern Fasching · Seite 54, 57

Am Wortende d oder t – g oder k?

1 a) **ICH** Wörterschule: Welche Buchstaben fehlen?
Ergänze. Erkläre, welcher Trick dir geholfen hat.

b) **DU + ICH** Vergleicht eure Erklärungen. Tauscht euch aus.

2 **d** (5) oder **t** (2)? **g** (4) oder **k** (4)? Setze richtig ein.
Schreibe das Wort dahinter, das dir hilft.

Ber__	*Berge*	Ban__		Pfer__	
kran__		star__		kal__	
billi__		Bro__		Sie__	
Stran__		Wan__		Zwer__	
blin__		schlan__		Aben__	

3 Setze Lernwörter passend ein. Welche musst du verändern?

Rumpelstilzchen ist ein _____.

Freundschaft kann man nicht für _____ kaufen.

In Schweden gibt es einen _____.

_____ Speisen schmecken interessant.

Wann siehst du den Mond als _____ Scheibe?

4 Finde zu jedem Adjektiv ein passendes Nomen aus der Wörterliste ab Seite 76.

rund, schlank, artig, wild, gelb, hart, stark, blond, billig, krank, lang, bunt

Schreibe so: der blinde Mann – Der Mann ist blind.

Was schreibst du in dein Lerntagebuch?

Rechtschreib-Trick:
An Regeln denken!

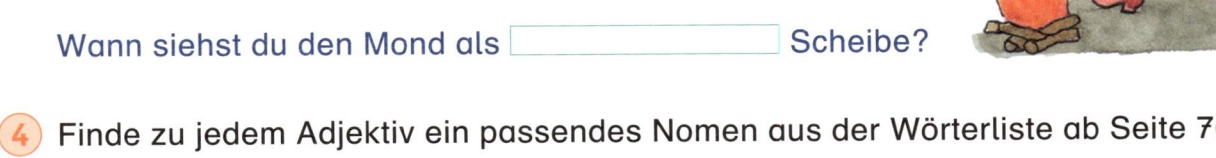

Streiche durch, was falsch ist.
d oder t? g oder k?
Verlängere / verkürze ich das Wort,
weiß ich die Schreibung sofort.

Hund

Wörterschule

- Köni__
- Sie__ *
- Aben__
- Ber__
- run__
- Gel__
- Zwer__ *
- wir__
- frem__

Mein Sprachbuch 3 – Arbeitsheft © 2015 Cornelsen Schulverlage GmbH, Berlin

Richtig schreiben Auslautverhärtung

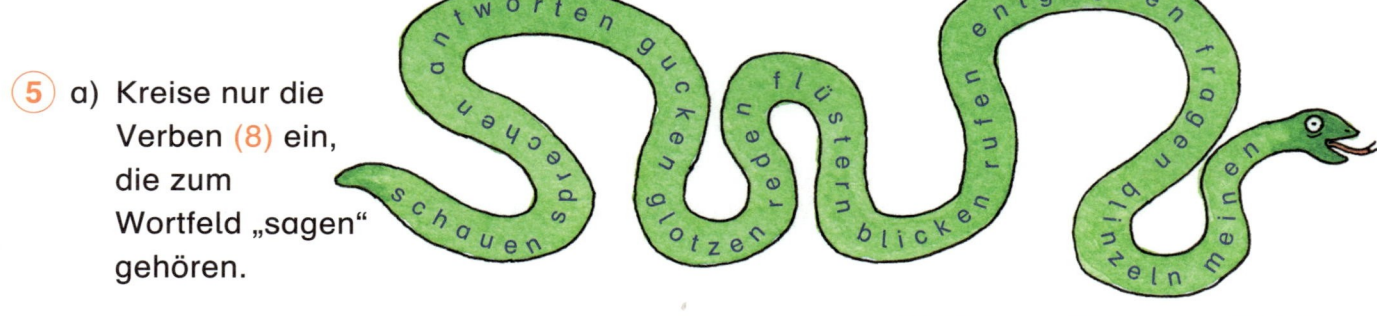

5 a) Kreise nur die Verben (8) ein, die zum Wortfeld „sagen" gehören.

b) Zu welchem Wortfeld gehören die anderen Verben? [_____]

6 a) Lies. Was fällt dir auf?

Mutter [_____] : ____Wer deckt heute den Tisch?____

Leon [_____] aus seinem Zimmer: ____Ich übe gerade Fremdwörter.____

Anne [_____] : ____Ich war gestern schon an der Reihe.____

Leon [_____] : ____Du bist blöd!____

Mutter [_____] : ____Deckt jetzt endlich den Tisch und streitet nicht!____

b) Unterstreiche, was Mutter, Leon und Anne sprechen.
Schreibe Verben aus dem Wortfeld „sagen".
Setze die fehlenden Anführungszeichen.

7 Anne und Leon vertragen sich. Was sagen sie? Schreibe in die Sprechblasen.

8 Wähle aus:

a) Schreibe „Versöhnungssätze". Denke an den Begleitsatz, den Doppelpunkt und an die Anführungszeichen der wörtlichen Rede.

b) Schreibe, wie zwei Kinder sich streiten – und wie sich wieder versöhnen.

c) Spielt, wie Anna und Lena streiten – und sich vertragen.
Sprecht in eurem Dialekt.

Mein Sprachbuch 3 – Arbeitsheft © 2015 Cornelsen Schulverlage GmbH, Berlin

Wörter mit chs

☐ w e c h | s e l n *
☐ w a c h s e n *
☐ O c h s e *
☐ F u c h s
☐ D a c h s *
☐ s e c h s
☐ E i d e c h s e *
☐ L a c h s *

☐ _____

① Sprich die Lernwörter. Welchen besonderen Laut hörst du? Markiere ihn gelb.

② Schreibe die Nomen (5) aus der Wörterschule.
Sprich dazu: Ochse   … schreibe ich mit chs.

_____

_____

③ Schreibe die Verben (2) in der Ich-, Du- und Er-Form.

_____

_____

④ a) Kreise den passenden Artikel ein, schreibe den Tiernamen.

Das Tier hat rotbraunes Fell und lebt im Wald: ein / eine _____

Zum Laichen wandert dieses Tier vom Meer in Flüsse: der / die _____

Sein Fell ist am Kopf schwarz und weiß gestreift: der / die _____

Das Tier sitzt an Mauern und sonnt sich gern: eine / ein _____

Er ist ein Wiederkäuer: der / die _____

b) Schreibe eine Tiergeschichte mit **allen** Lernwörtern.

⑤ Kreise Wörter mit **chs** (6) ein. Schreibe Nomen mit Artikel.

A	B	C	D	F	E	F	G	H
S	I	J	K	U	L	M	N	W
E	I	D	E	C	H	S	E	A
C	R	O	C	H	S	E	O	C
H	P	Q	R	S	T	U	V	H
S	W	X	Y	L	A	C	H	S

Rechtschreib-Trick:
Üben und merken!

Ergänze.

Ich übe die Wörter und merke sie mir, besondere Stellen sage ich dir:

Fu___s   … mit ___.

Fuchs

Mein Sprachbuch 3 – Arbeitsheft © 2015 Cornelsen Schulverlage GmbH, Berlin

Richtig schreiben   Rechtschreibbesonderheit: ks-Laut

6 Wir können unterschiedlich auffordern.
Setze die fehlenden Satzzeichen ein.

Vater fragt: ____Kannst du dich bitte entschuldigen_____

Vater bemerkt: ____Es wäre gut, wenn du dich entschuldigst_____

Vater fordert auf: ____Entschuldige dich sofort_____

7 ◀ICH▶ Welche Aufforderungen passen hier?
a) Schreibe. Denke an die passenden Satzzeichen.

|_____|

|_____|

|_____|

|_____|

|_____|

b) ◀DU + ICH▶ Vergleicht eure Aufforderungen.
Wie möchtet ihr am liebsten aufgefordert
werden? Sprecht darüber.

c) ◀WIR▶ Spielt und sprecht über die
unterschiedlichen Aufforderungen.
Welche Aufforderung
ist wohl erfolgreich?
Warum?

8  Welche Wörter (21) schreibst du groß? Kennzeichne sie mit
einem Pfeil ↑. Schreibe den Text richtig ins Heft.

↑ochse leopold ist mit seinen sechs jahren bereits ausgewachsen.

am liebsten frisst er am mittag lachs mit wildkräutern und am abend

bandnudeln. manchmal macht bauer bert einen ausflug mit leopold.

sie steigen in den zug und während der fahrt singt der bauer oft ein lied.

vielleicht werden sie auch deine stadt besuchen?

9 In der Stadt macht Leopold Unsinn. Erzähle davon, verwende passende
Aufforderungssätze. Du kannst deine Geschichte auch am Computer schreiben.

Sprache untersuchen Aufforderungssätze

Vom Streiten

Es waren einst zwei alte Männer, die viele Jahre miteinander gelebt hatten,

aber nie stritten. Der eine von ihnen sagte: „Lass uns einmal streiten, so

wie andere Leute es tun." Der andere sagte (_____): „Ich weiß

nicht, wie ein Streit entsteht." Da sagte (_____) der erste:

„Ich lege einen Stein zwischen uns und sage (_____):

‚Das ist meiner.' Und du sagst (_____): ‚Nein, das

ist meiner.' So beginnt ein Streit." Sie legten also einen Stein in

die Mitte und sprachen wie beschrieben. Da aber antwortete der

eine Mann: „Dann soll der Stein dir gehören, nimm ihn und geh!"

So gingen sie ihrer Wege, ohne gestritten zu haben.

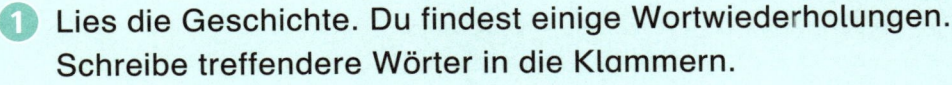

Sei schlau, lies genau!

1 Lies die Geschichte. Du findest einige Wortwiederholungen.
Schreibe treffendere Wörter in die Klammern.

2 Schreibe die Sätze in den anderen Zeitformen.

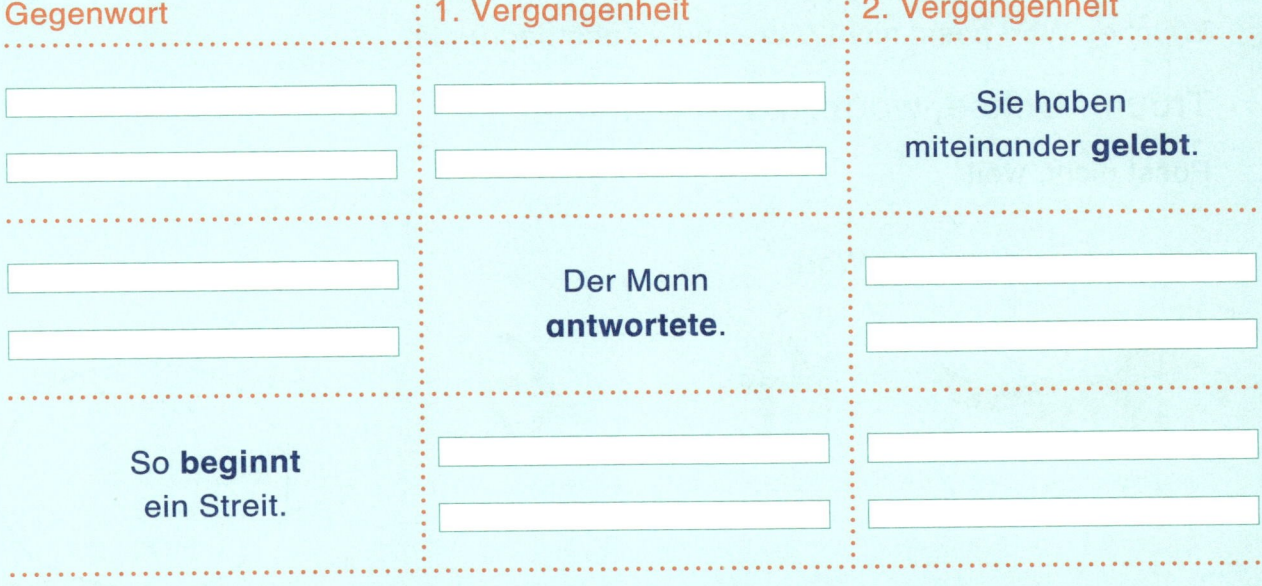

Gegenwart	1. Vergangenheit	2. Vergangenheit
		Sie haben miteinander **gelebt**.
	Der Mann **antwortete**.	
So **beginnt** ein Streit.		

3 Schreibe das Verb **legen** mit vier passenden Vorsilben.

④ Finde für jedes Wort ein anderes Wort aus dem Text.

betagt – | andere Menschen –

zusammen – | eine Auseinandersetzung –

⑤ Berichtige die Wörter und schreibe, was dir dabei geholfen hat.

Menner ➔ _____ , weil _____

jahre ➔ _____ , weil _____

du sakst ➔ _____ , weil _____

er gap ➔ _____ , weil _____

⑥ Bilde Nomen. Verwende die Nachsilbe **-heit**, **-keit** oder **-nis**.
Schreibe jedes Nomen mit Artikel.

höflich

frei

freundlich

finster

⑦ Welches Wort passt nicht? Streiche es und begründe.

Traum, Ochse, warm, Tasse, Zimmer

Passt nicht, weil _____

⑧ Schreibe zum Bild das Wort.

4   6

Was kannst
du gut?
Was willst du üben?
Notiere in deinem
Lerntagebuch.

LERN
L
TAGEBUCH

_____

Wie konntest du die Aufgaben lösen?
Male unter jede Aufgabennummer ein passendes Gesicht:
☺ Leicht!   😐 Es geht!   ☹ Ich muss dazu noch üben.

Wortstämme

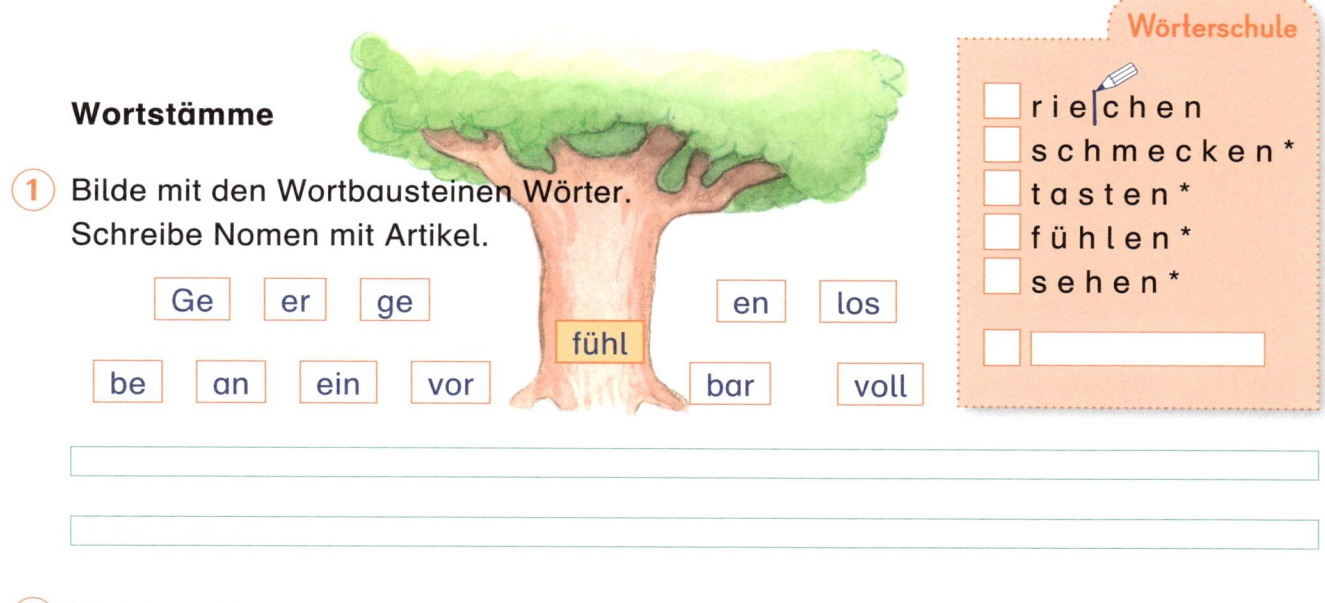

Wörterschule

- r i e | c h e n
- s c h m e c k e n *
- t a s t e n *
- f ü h l e n *
- s e h e n *
- _____

(1) Bilde mit den Wortbausteinen Wörter.
Schreibe Nomen mit Artikel.

Ge   er   ge   en   los

fühl

be   an   ein   vor   bar   voll

_____

_____

(2) Welchen Wortbaustein findest du in jedem Wort aus Aufgabe 1? Kreuze an:

☐ Stammbaum   ☐ Wortstamm   ☐ Wortbaum

(3) Kreise in deinen Wörtern aus Aufgabe 1 jeweils den Wortstamm ein.
Welche besondere Stelle merkst du dir darin? Markiere gelb.

(4) Kreise auch in den Lernwörtern jeweils den Wortstamm ein.

(5) Bilde mit den Wortbausteinen Wörter. Kreise jeweils den Wortstamm ein.
Markiere besondere Stellen gelb.

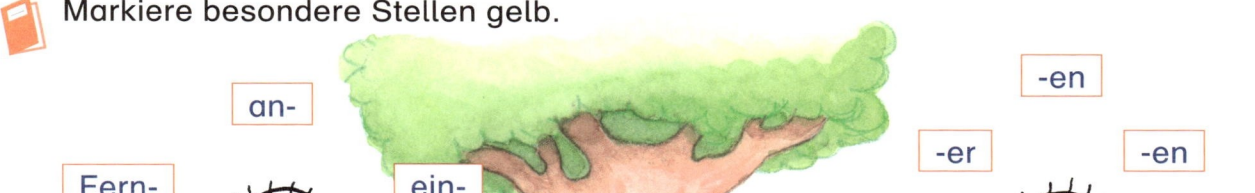

an-   -en

Fern-   ein-   -er   -en

SEH   -en   -test

aus-   fern-

-en   -en

Ver-   -nerv   -sinn

(6) Betrachte deine Wörter aus Aufgabe 5. Wähle aus:
a) Bilde mit deinen Wörtern Sätze. Die Wörterliste ab Seite 76 hilft dir.
b) Schreibe zu den Wörtern eine Geschichte. Wörterliste und Wörterbuch helfen.
c) Male ein Bild zum Wortstamm SEH .

Rechtschreib-Trick:
An Regeln denken!

Streiche, was falsch (2) ist.

Wortstämme helfen, sauber / richtig / schön
zu schreiben: fü h l en, das Ge fü h l , fü h l bar.

Hamster

SB Unsere Sinne • Seite 72

Richtig schreiben Wortstämme

7 Male Wörter mit dem Wortstamm `fühl` rosa an.

Male Wörter mit dem Wortstamm `seh` hellblau an.

Ich sehe mich.

8 `DU + ICH` Bildet Wörter mit dem Wortstamm `tast`.

`WIR` Vergleicht und sprecht über die Bedeutung der einzelnen Wörter.

9 Manche Menschen sind blind oder können nur sehr schlecht sehen.
Wie lesen sie? Wie kommen sie zurecht?

10 Ordne. Was fällt dir auf?

der Geruch, das Riechorgan, der Geruchsinn,
riechbar, geruchlos, riechen, der Riecher

`riech`

`ruch`

11 Bilde Wörter. Kennzeichne jeweils den Stamm-Vokal.

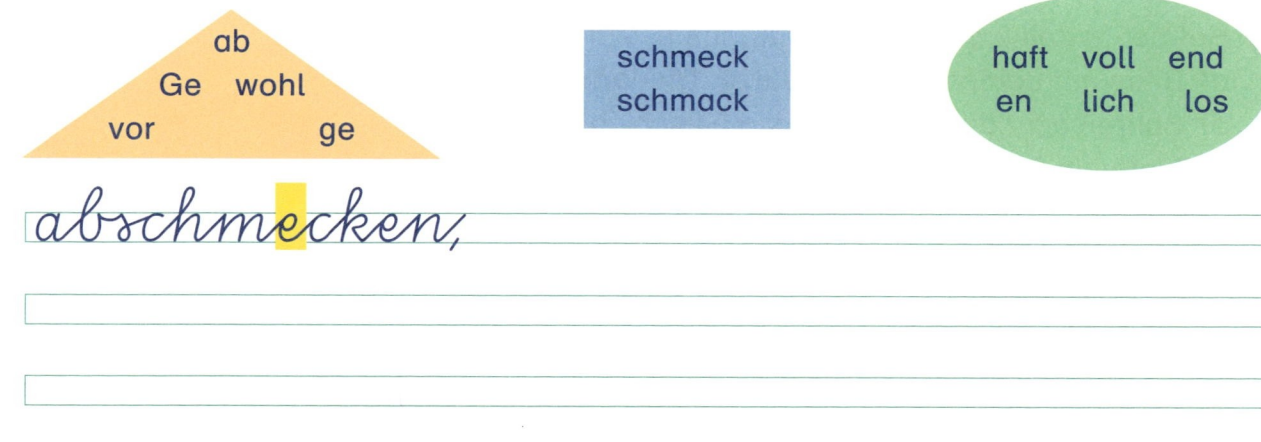

ab
Ge wohl
vor ge

schmeck
schmack

haft voll end
en lich los

abschmecken,

Mein Sprachbuch 3 – Arbeitsheft © 2015 Cornelsen Schulverlage GmbH, Berlin

Richtig schreiben   Wortbausteine

Wörter mit tz

☐ s c h ü t | z e n
☐ P l a t z
☐ v e r l e t z e n *
☐ s p i t z *
☐ k r a t z e n *
☐ s e t z e n *
☐ n ü t z e n *

☐ _____

① Ordne die Lernwörter. Markiere **tz** jeweils gelb.

② Klatsche und sprich **alle** Lernwörter in Silben.
Welche (2) musst du verlängern? Schreibe.

schüt-zen,

_____

_____

③ DU + ICH Sucht in einem Wörterbuch ein weiteres passendes Lernwort.

④ a) Wie klingt der Silbenkern vor **tz**? Markiere: ● für kurz; ▬▬ für lang.

b) Betrachte die markierten Silben. Wie nennen wir sie?
Kreuze an: ☐ offene Silben   ☐ geschlossene Silben

c) Erinnere dich an Wörter mit Doppelkonsonanten. Welche Rechtschreib-Tricks
entdeckst du für Wörter mit **tz**? Schreibe in dein Lerntagebuch.

⑤ Bilde mit den Vorsilben neue Verben. Markiere **tz** jeweils gelb.

be-   zer-   ver-   ab-   aus-   vor-   an-   auf-

schützen: _____   spitzen: _____

platzen: _____   nützen: _____

kratzen: _____

setzen: _____

⑥ DU + ICH Bildet Sätze zu den Verben aus Aufgabe 5 mit und ohne Vorsilbe.
Was fällt euch auf?

WIR Erklärt in der Klasse, was ihr entdeckt habt.

Wir haben festgestellt, dass …   Uns ist aufgefallen, dass …

Rechtschreib-Trick:
An Regeln denken!

Ergänze.
Den Vokal oder Umlaut vor tz
spreche ich _____ : schü**tz**en.

Katze

Mein Sprachbuch 3 – Arbeitsheft © 2015 Cornelsen Schulverlage GmbH, Berlin

7 Welche Wörter mit **tz** passen zu dem Bild? Schreibe Nomen mit Artikel.

8 Setze die Wörter passend ein.

erblindete   ertasten   verletzte   erfand   benützen

Mit drei Jahren _____ Louis Braille sein Auge. (4)

Der Junge _____ . (2)

Im Jahr 1825 _____ Louis Braille eine Schrift für

blinde Menschen. (5)

Viele blinde Menschen _____ sie noch heute. (4)

Sie _____ die Buchstaben mithilfe ihres Tastsinns. (4)

9 Umkreise in jedem Satz auf Aufgabe 8 die Satzglieder.
Die Ziffern hinter den Sätzen nennen dir die Anzahl.

10 Entscheide selbst, welchen der drei Sätze aus Aufgabe 8 du umstellen willst.
Schreibe die neuen Sätze.

Mein Sprachbuch 3 – Arbeitsheft © 2015 Cornelsen Schulverlage GmbH, Berlin

Sprache untersuchen Satzglieder umstellen

Wortbausteine: -ig, -lich

(1) Welche Wortbausteine kennst du bereits?

_____

(2) Schau dir die Lernwörter genau an. Zu welcher Wortart

gehören sie? Es sind _____

(3) Was geschieht, wenn du das Nomen mit dem
Wortbaustein **-ig** verbindest? Erkläre.

| Milch | | -ig |

| milchig | Welche Wortart entsteht? _____

Wörterschule

☐ V o r | s i c h t *
☐ M i l c h
☐ L u f t
☐ D u r s t *
☐ S t e i n
☐ G l ü c k
☐ F l e i ß *
☐ H e r z *
☐ M e n s c h
☐ _____

(4) Setze auch die restlichen Lernwörter mit **-ig** (5) oder **-lich** (3) zusammen.

-ig: die Luft – luftig, _____

_____

_____

-lich: _____

(5) **-ig** (3) oder **-lich** (5)? Vervollständige die Adjektive.
Schreibe darunter das Nomen, von dem das Adjektiv abgeleitet ist.
Achtung: Manchmal ändert sich der Wortstamm!

sand____   gefähr____   sport____   mut____

der

hungr____   häus____   ängst____   ört____

Was hast du Neues gelernt? Notiere in deinem Lerntagebuch.

**Rechtschreib-Trick:
An Regeln denken!**

Streiche, was falsch ist.

**Wir können manche Nomen mit den
Wortbausteinen -ig oder -lich verbinden.
Es entstehen Verben / Adjektive.**

Biber

Mein Sprachbuch 3 – Arbeitsheft © 2015 Cornelsen Schulverlage GmbH, Berlin

Richtig schreiben   Adjektive mit -ig, -lich

6 Welche Nomen kannst du mit **-ig** verbinden? Male diese Felder braun an.

Wenn du das Nomen mit **-lich** verbinden kannst, malst du das Feld grün an.

7 Aufgabe 2 g Schreibe die Adjektive aus Aufgabe 6.

_____

_____

_____

8 Verändere die Sätze. Verwende Adjektive für die **fett** gedruckten Nomen.

Viele **Steine** liegen auf dem Weg.

Der Weg ist _____

Die jungen Vögel haben **Hunger**.

_____

Der Bussard ist eine **Gefahr** für Mäuse.

_____

Jeden **Tag** öffnen viele Blumen ihre Kelche.

_____

Heute ist ein Tag mit besonders viel **Sonne**.

_____

9 Unterstreiche in jedem Satz aus Aufgabe 8 das Subjekt.

Mein Sprachbuch 3 – Arbeitsheft © 2015 Cornelsen Schulverlage GmbH, Berlin

Sprache untersuchen Subjekt

Wörter mit ß

Wörterschule

- [ ] S t r a ß e
- [ ] s ü ß *
- [ ] d r a u ß e n
- [ ] S t r a u ß *
- [ ] g i e ß e n *
- [ ] r e i ß e n *
- [ ] s c h l i e ß l i c h *
- [ ] f l i e ß e n *
- [ ] _____

Dein Wort!

(1) ICH ▸ Wie ordnest du die Lernwörter?
DU + ICH ▸ Wie macht es dein Nachbarkind?

(2) Schreibe die Lernwörter in leuchtenden Frühlingsfarben.
Sprich dazu. Beispiel: Straße … mit ß.

_____

_____

_____

(3) Bilde mit Vorsilben neue Verben. Wähle aus:

um- zer- ent- ab- ein- aus- auf- be- ver-

reißen   fließen   gießen   schließen

a) Schreibe die neuen Verben.
b) Bilde mit den Verben Sätze.
c) Schreibe eine bunte Frühlingsgeschichte. Verwende viele Wörter mit ß.

(4) Bilde zusammengesetzte Nomen. Schreibe sie mit dem Artikel auf.

	Name	Blume(n)	
Straße(n)	Kreuzung	Geburtstag(s)	Strauß
	Fest	Frühling(s)	

der Straßenname,

_____

_____

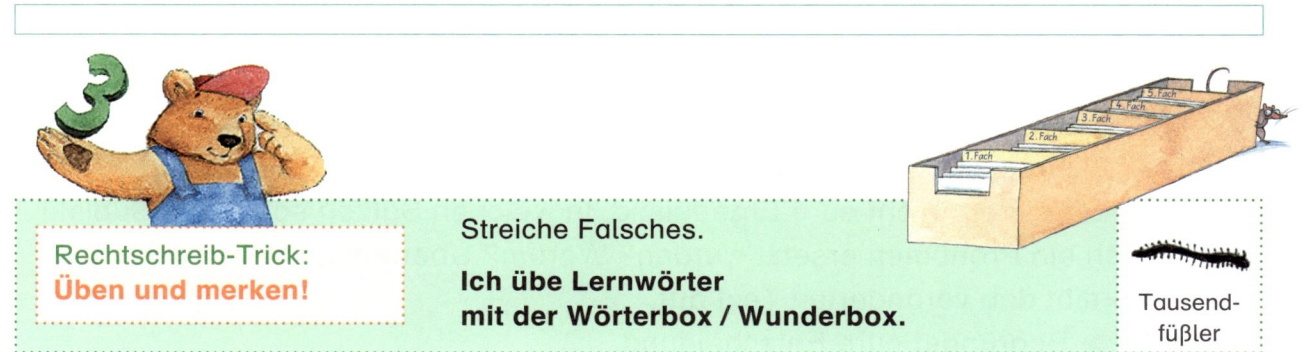

Rechtschreib-Trick:
Üben und merken!

Streiche Falsches.

**Ich übe Lernwörter
mit der Wörterbox / Wunderbox.**

Tausend-
füßler

Mein Sprachbuch 3 – Arbeitsheft © 2015 Cornelsen Schulverlage GmbH, Berlin

Richtig schreiben   Rechtschreibbesonderheit: ß

5 Kreise alle Wörter mit **ß** (10) farbig ein.

a	b	c	d	r	a	u	ß	e	n	d	e	f	f	g	h	w
i	j	k	l	e	m	n	o	p	q	r	s	t	l	u	v	e
s	c	h	l	i	e	ß	l	i	c	h	w	x	i	y	z	i
ü	a	b	c	ß	d	e	f	g	h	i	g	j	e	k	l	ß
ß	m	n	b	e	i	ß	e	n	o	g	r	ü	ß	e	n	p
a	u	ß	e	n	q	r	s	t	u	v	o	w	e	x	y	z
a	b	c	d	e	f	g	h	g	i	e	ß	e	n	i	j	k

Ich baue auch solch ein Rätsel.

6 Suche die Fehler (11) und unterstreiche sie. Wie viele findest du wohl?

Schätze zuerst: Ich entdecke wahrscheinlich _____ Fehler.

Ein Blumenstraus

Das Weter ist heute schön.
Fabian und seine große Schwester Sara laufen nach drausen.
Vorsichtich gehen Fabian und seine Schwester am Straßen Rand
entlang. Sara ruft: „Dort fliest der Bach.
Da blühen Weiße Blumen."
Die Kinder reizen nicht zu viele ab.
Schließlig gehen die Kinder nach Hause.
Die Kinder bringen Mutter einen kleinen strauß.
Mutter gießt Wasser zu den Blumen.
Dann gibt Mutter jedem Kind eine süse Waffel.

7 DU + ICH Frage: Wie viele Fehler hast du gefunden? Vergleicht und berichtigt.

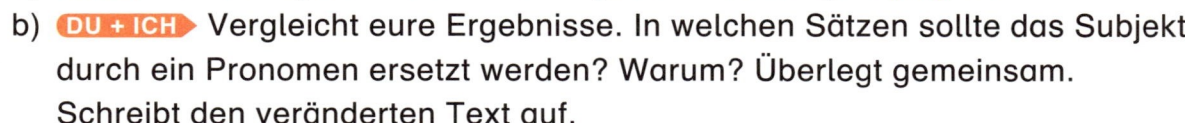

8 a) ICH Kreise in jedem Satz aus Aufgabe 6 das Subjekt (11) ein.

   b) DU + ICH Vergleicht eure Ergebnisse. In welchen Sätzen sollte das Subjekt durch ein Pronomen ersetzt werden? Warum? Überlegt gemeinsam. Schreibt den veränderten Text auf.

   c) WIR Begründet eure Entscheidung.

Mein Sprachbuch 3 – Arbeitsheft © 2015 Cornelsen Schulverlage GmbH, Berlin

Sprache untersuchen   Subjekt, Pronomen

Wörter mit Dehnungs-h

Wörterschule

- [ ] f a h r e n
- [ ] z e h n
- [ ] b o h r e n *
- [ ] w ä h r e n d *
- [ ] V o r f a h r t *
- [ ] f ü h r e n *
- [ ] G e f a h r *
- [ ] L e h r e r *
- [ ] B a h n *
- [ ] _____

① Sprich die Lernwörter deutlich. In jedem Wort hörst du einen Buchstaben nicht. Markiere ihn gelb.

② Achte beim Sprechen auf den Vokal oder Umlaut vor dem stummen **h**. Wie sprichst du ihn? Kreuze an.

    [ ] kurz   [ ] lang / gedehnt

③ Ordne die Lernwörter. Sprich dabei zum Beispiel so:

fahren … mit ah. Markiere!

-eh-: _____

-oh-: _____

-uh- / -üh-: _____

-ah- / -äh-: _____

④ Kreise die Wörter der gleichen Wortfamilie mit gleicher Farbe ein. Ordne die Wortfamilien (5) nach der Wortart.

> Was bedeutet „verbohrt"?

lehrreich   die Führung   lehren   verjähren   jährlich   verbohrt   bohren   die Lehrerin   das Jahr   fahren   führerlos   gefährlich   führen   der Bohrer   die Gefahr

Nomen	Verb	Adjektiv

Rechtschreib-Trick:
Üben und merken!

Ergänze.

Das Dehnungs-h kann ich nicht hören.

Ich spreche beim Schreiben so:

fahren … mit _____ .

Reh

Mein Sprachbuch 3 – Arbeitsheft © 2015 Cornelsen Schulverlage GmbH, Berlin

Richtig schreiben   Rechtschreibbesonderheit: Dehnungs-h

5 a) **ICH** Kreise in jedem Satz das Prädikat ein. Untersuche die Sätze.
Welche sind vollständig? Wo sind weitere Satzglieder möglich oder notwendig?

Emre bohrt.   **Bibu gibt.**   **Der Lehrer öffnet.**

Lea holt.   **Vater gähnt.**   **Die Bahn fährt.**

b) **DU + ICH** Überlegt: Welches Satzglied entscheidet,

ob ein Satz vollständig ist oder nicht? _____

c) Ergänzt die unvollständigen Sätze um weitere Satzglieder.
Schreibt die neuen Sätze auf und kreist alle Satzglieder ein.

6 Setze jeweils das passende Prädikat ein. Achtung: Verben verändern sich!

Igor _____ mit dem Rollstuhl zum Schwimmbad. fahren / führen

Er _____ ungefähr fünf Minuten entfernt. bewohnen / wohnen

Am Eingang _____ er den Eintritt. zahlen / anzahlen

Viele Kinder _____ schon im Schwimmbecken. rühren / johlen

Ein Lehrer _____ zur Ruhe. mahlen / mahnen

Igor _____ zehn Freunde. zählen / zahlen

Super! Keiner _____. fehlen / fliehen

Sein Freund Elias _____ am Beckenrand. stehen / stehlen

Langsam gleitet Igor ins Becken und _____

das kalte Wasser. fühlen / kühlen

Da _____ er ein kleines Mädchen auf dem Sprungturm. sehen / gehen

7 Was erlebte Igor im Schwimmbad? Wähle aus:
a) Schreibe die Sätze aus Aufgabe 6 in der 1. Vergangenheit.
b) Setze die Geschichte fort. Ein Wörterbuch hilft dir.
c) Male dazu ein Bild.

Mein Sprachbuch 3 – Arbeitsheft © 2015 Cornelsen Schulverlage GmbH, Berlin

Richtig schreiben   Prädikat, Ersatzprobe

Für Rechtschreibexperten

1 ✏ Aufgabe 1–3 Unterstreiche die Fehler (8).

Vor dem Kindergaten rauften zwei große Bupen.
Eine Frau zog einen schwären Koffer über den Zeprastreifen.
In der Notaufnahme versorkt eine Ärtztin krancke Menschen.
Um die Ecke komt ein großer Lastwagen.

2 Wie schlägst du die Fehlerwörter im Wörterbuch nach?

a) Nomen

Fehlerwort	ich suche	also berichtige ich
Bupen		
Ärtztin		

b) zusammengesetzte Nomen

Fehlerwort	ich suche	also berichtige ich
Kindergaten	*Kinder, Gar*	
Zeprastreifen		

c) Verben in der Personalform

Fehlerwort	ich suche	also berichtige ich
sie versorkt	*versorgen*	
er komt		

d) Adjektive

Fehlerwort	ich suche	also berichtige ich
schwären		
krancke		

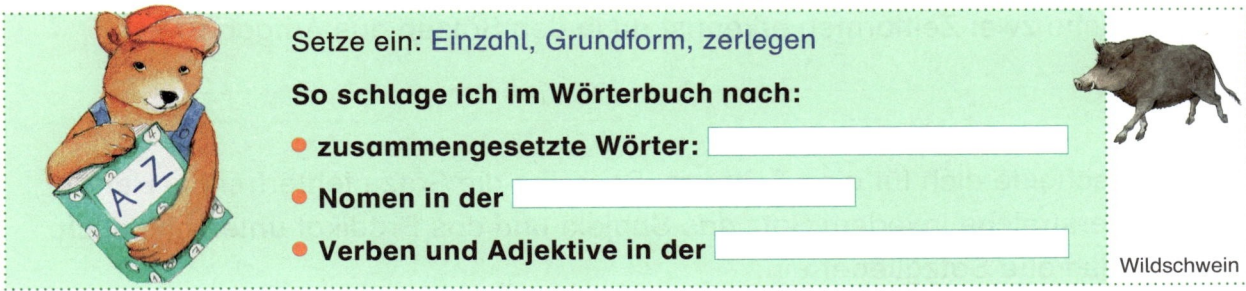

Setze ein: Einzahl, Grundform, zerlegen

So schlage ich im Wörterbuch nach:

● **zusammengesetzte Wörter:**
● **Nomen in der**
● **Verben und Adjektive in der**

Wildschwein

Mein Sprachbuch 3 – Arbeitsheft © 2015 Cornelsen Schulverlage GmbH, Berlin

Richtig schreiben Fehler berichtigen

3 Vergleiche das Bild mit dem Text in Aufgabe 1. Kreise ein, was anders ist (3).

4 a) Schreibe den dritten Satz aus Aufgabe 1 fehlerfrei auf.

| |
| |

b) Kreise alle Satzglieder (4) ein.
c) Ersatzprobe: Ersetze einzelne Satzglieder. Schreibe lustige Sätze.

| |
| |

| |
| |

d) **DU + ICH** Lest euch eure Sätze gegenseitig vor. Welcher Satz gefällt dir am besten? Erkläre, warum.

5 a) Welche zwei Zeitformen erkennst du in den Sätzen aus Aufgabe 1?

| |
| |

b) Entscheide dich für eine Zeitform. Schreibe die Sätze fehlerfrei ins Heft.
c) Unterstreiche in jedem Satz das Subjekt und das Prädikat unterschiedlich.
d) Kreise alle Satzglieder ein.

Sprache untersuchen   Subjekt, Prädikat, Ersatzprobe

Wörter mit ck

□ b a│c k e n
□ t r o c k e n *
□ J a c k e *
□ G l o c k e *
□ b l i c k e n *
□ d r e c k i g *
□ p a c k e n *
□ d r u c k e n *

□ _____

① Schreibe die Lernwörter in Sil-ben. Markiere ck gelb.

_____

_____

_____

② Sprich die Lernwörter deutlich. Wie klingt der Vokal
vor ck? Kennzeichne ihn mit ● für kurz oder ━━ für lang.

③ Was haben Wörter mit ck, Wörter mit tz und Wörter
mit Doppelkonsonanten gemeinsam? Erkläre.

LERN L TAGEBUCH

_____

④ Setze ein: k (5) oder ck (7).

der Dre____, qua____en, sich e____eln, der Schre ____, me____ern, der Ha____en,

die E____e, der Kro____us, die Musi____, glü____lich, verrü____t, der Sto____

⑤ Vervollständige die Tabelle.

Grund-form	Gegenwart	1. Vergangenheit	2. Vergangenheit
blicken	ich _____	ich _____	ich _____
packen	du _____	du _____	du _____
drucken	er _____	er _____	er _____
trocknen	sie _____	sie _____	sie _____
glücken	es _____	es _____	es _____

Schreibe eine ck-Geschichte!

**Rechtschreib-Trick:
An Regeln denken!**

Streiche, was falsch ist:
**Der Vokal oder Umlaut vor ck
klingt kurz / lang.**

Steinbock

Mein Sprachbuch 3 – Arbeitsheft © 2015 Cornelsen Schulverlage GmbH, Berlin

Richtig schreiben Wörter mit ck

6 Lies das Gedicht laut. Betone deutlich. Wo machst du Pausen?
Unterstreiche die zusammengesetzten Adjektive Wie?. Was fällt dir auf?

> **Wie bin ich?**
> Bin nicht schwerreich, noch bettelarm,
> nicht spindeldürr, noch kugelrund,
> nicht mehr blutjung, doch nicht steinalt,
> nicht federleicht, noch zentnerschwer.
>
> **Wie bin ich, bitte sehr?**
> Bin blitzgescheit und nicht strohdumm,
> geh' kerzengerad, nicht säbelkrumm,
> bin riesengroß, nicht babyklein,
> denn so möchte ich gerne sein!
>
> Angela Ziegler

7 a) Schreibe die Gegensatzpaare aus dem Gedicht.

schwerreich – bettelarm,

b) Zerlege die zusammengesetzten Adjektive. Schreibe so:

schwerreich: schwer, reich; bettelarm: der Bettler, ….

c) Welche Adjektive beschreiben genauer? Erkläre im Lerntagebuch.

8 Bilde zusammengesetzte Adjektive aus Nomen
und Adjektiv:

der Stock, der Zucker, der Blick, der Staub,
trocken, steif, süß, dicht.

zucker-
süß

9 Setze richtig ein: **k** (2) oder **ck** (12). Kreise zusammengesetzte Adjektive (3) ein.

Der We____er im Spaßlabor läutet.

Professor Schaberna____ nimmt seinen schneeweißen Mantel

vom Ha____en. Er wa____elt vor Begeisterung mit den Ohren.

Der nagelneue Tri____ ist gelungen.

Das verzauberte Bettla____en hängt an der De____e und grinst.

Wie kann er es herunterlo____en? Ru____-Zu____!

Er pa____t es an der E____e und ste____t es blitzschnell

zurü____ in seine Maschine.

Mein Sprachbuch 3 – Arbeitsheft © 2015 Cornelsen Schulverlage GmbH, Berlin

Sprache untersuchen   zusammengesetzte Adjektive

Fremde Wörter?

☐ H a n d y
☐ S k i z z e
☐ R e p a r a t u r *
☐ I n f o r m a t i o n *
☐ C h e f *
☐ S t i c k *
☐ S m a r t p h o n e *
☐ A k k u *

1 **ICH** ▸ Ordne die Lernwörter. Was fällt dir auf?
DU + ICH ▸ Erklärt euch gegenseitig jedes Lernwort.
Welches kennt ihr nicht?

2 Schreibe die Lernwörter. Wie sprichst du dazu?
Wie markierst du? Beispiel: Hand**y** … schreibe ich mit **y**.

_____

_____

_____

3 Schreibe zum Bild das Lernwort.

_____ _____ _____ _____

_____ _____ _____ _____

4 Noch mehr Fremdwörter! Schreibe zuerst jedes Wort mit Bleistift auf. Schau danach
im Wörterbuch nach. Berichtige, wenn nötig. Markiere besondere Stellen.

das T _____   der C _____

Übe
mit der
Wörterbox!

Rechtschreib-Trick:
Üben und merken!

Kreuze an, was richtig ist:

**Fremdwörter schreiben wir oft anders
als wir sie**

☐ denken. ☐ sprechen. ☐ lernen.

Dachs

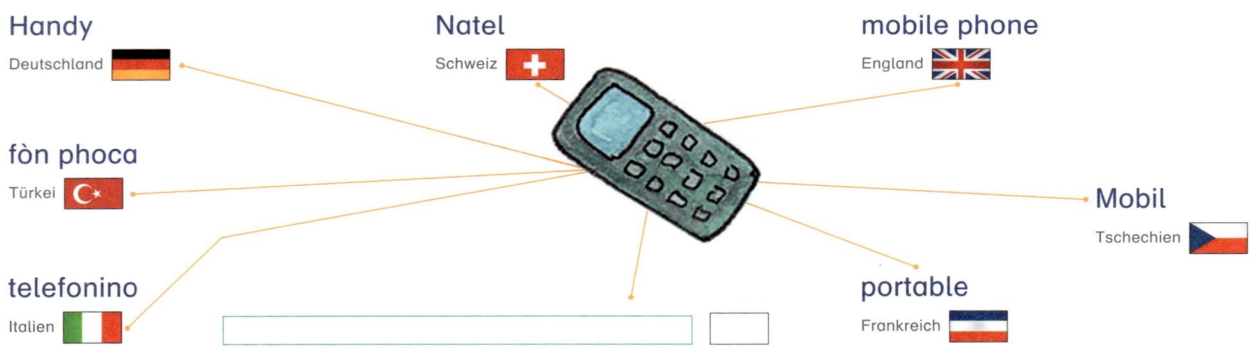

Handy — Deutschland
Natel — Schweiz
mobile phone — England
fòn phoca — Türkei
Mobil — Tschechien
telefonino — Italien
portable — Frankreich

5 Wie wird das Handy in anderen Ländern genannt? Welche Namen kennst du?

6 Ordne die Wortfamilien (6). Umrahme jeweils den Wortstamm.

der Finderlohn, trinken, sprunghaft, der Wille, das Versehen, erfinden, der Sprung, sichtbar, der Fund, fündig, pfiffig, wollen, pfeifen, springen, willig, ungewollt, die Sicht, das Sprungtuch, das Getränk, der Pfiff, der Trunk, trinkbar, sehen, abpfeifen

7 Aufgaben 2a, b d, 3d, 3

Entdeckst du alle 14 Fehler? Ich finde _____ Fehler.
Unterstreiche die falsch geschriebenen Wörter.

Ein neues Smatphone

Mutter kommt mit einem Smartfone nach Hause. Ihr Handi war kaputt. Eine Reperatur lohnte nicht mehr. Mutter öffnet den Dekkel des Smartphones und setzt den Aku ein. am Komputer liest sie das Hand Buch. Sie findet darin viele Informazionen und Skitzen. Mutter will die ganze Anleitung in der Arbeit ausdruken. Sie lädt das Handbuch auf einen Stieck. Am nächsten Morgen bittet sie ihren Chäf darum.

8 Wähle zu Aufgabe 7 aus:
a) Berichtige die falsch geschriebenen Wörter.
b) Bilde mit den Wörtern Sätze. Die Wörterliste ab Seite 76 hilft.
c) Schreibe den Text am Computer fehlerfrei ab.

Mein Sprachbuch 3 – Arbeitsheft © 2015 Cornelsen Schulverlage GmbH, Berlin

Sprache untersuchen · Wortfamilien

SB Erfindungen · Seite 91, 94

Wo wohnen die Wörter?

Die Wörter wohnen im Kopf.
Der Kopf ist der Vorratsschrank der Wörter.
Wie sind sie dort hineingekommen?

Die Augen haben sie gesehen.
Die Ohren haben sie gehört.
Der Mund hat sie geschmeckt.
Die Nase hat sie gerochen.
Die Hände haben sie angefasst.

Und das Herz hat sie gefühlt und erinnert sich.

Deshalb braucht man zum Geschichtenerfinden
seine Augen und Ohren, Mund, Nase, Hände und das Herz.

Eva Maria Kohl

1 Kreise die Satzglieder ein. Stelle sie dann so oft wie möglich um.

Die Wörter wohnen im Kopf.

2 Unterstreiche das Prädikat.

Der Kopf ist der Vorratsschrank der Wörter.

3 Unterstreiche in jedem Satz des Textes oben das Subjekt.

4 Ergänze in den Wortfamilien die fehlenden Wörter.

Nomen 🤚 ddd MZ	Verb ich	Adjektiv Wie?
		wohnlich
der Gebrauch		
		fühlbar
der Gedanke		

Mein Sprachbuch 3 – Arbeitsheft © 2015 Cornelsen Schulverlage GmbH, Berlin

Wiederholen Seite 41–56

5 a) Welche Wörter schreibst du mit stummem **h**? Kreise nur diese Bilder ein.
b) Schreibe zu jedem Bild das Wort.

6 Welche Wörter gehören zur Wortfamilie schützen? Unterstreiche sie.

schätzen, beschützen, schütten, der Schutz,
stützen, schützen, das Stück

7 Kreuze die richtige Regel für Wörter mit **tz** an.

☐ Ich spreche den Konsonanten vor tz kurz.

☐ Ich spreche den Vokal vor tz lang.

☐ Ich spreche den Vokal vor tz kurz.

8 Beschreibe Sara. Bilde Sätze.
Verwende dabei zusammengesetzte Adjektive.

Sara hat feuerrote Haare.

9 Streiche fehlerhafte Wörter durch. Berichtige sie in den Zeilen unten.

Drausen giest es in Strömen. Das Wasser fliest die straßen hinab. Schlieslich hört
der Regen auf. Fabian putzt seine dregigen Schuhe und hängt seine nasse Jake
auf. Die Sonne troknet sie schnell.

Was kannst
du gut?
Was willst du üben?
Notiere in deinem
Lerntagebuch.

Wie konntest du die Aufgaben lösen?
Male unter jede Aufgabennummer ein passendes Gesicht:
☺ Leicht!   😐 Es geht!   ☹ Ich muss dazu noch üben.

Mein Sprachbuch 3 – Arbeitsheft © 2015 Cornelsen Schulverlage GmbH, Berlin

Wörter mit x

Wörterschule

☐ mi x en*
☐ Text
☐ Galaxie*
☐ Taxi
☐ Lexikon*
☐ Nixe*
☐ kraxeln*
☐ Explosion*
☐ _____

1 Ordne die Lernwörter nach dem Alphabet.
Wie klingt der Buchstabe **x**? Markiere ihn gelb.

2 Schreibe alle Nomen aus der Wörterschule (6) in der
Mehrzahl auf. Die Wörterliste ab Seite 76 hilft dir.

_____

_____

3 a) Welche Lernwörter sind Verben (2)? Schreibe die Ich-, Er- und Wir-Form.

ich _____

_____

b) Bilde mit einem Verb einen Satz.

_____

4 Schreibe diese Wörter vollständig auf.

die Taifahrerin   nienhaft   der Leikonartikel

_____

der Lückentet   die Eplosionsgefahr   der Mier

_____

5 Welches Lernwort passt?

mischen – _____   in die Luft gehen – _____

klettern – _____   Nachschlagewerk – _____

Mietauto – _____   Meerjungfrau – _____

Übe
mit der
Wörterbox!

Rechtschreib-Trick:
Üben und merken!

Streiche, was falsch ist:

Wörter mit x muss ich

gut üben / gut mixen.

Hase

Mein Sprachbuch 3 – Arbeitsheft © 2015 Cornelsen Schulverlage GmbH, Berlin

Richtig schreiben Rechtschreibbesonderheit: ks-Laut

6 In dem rechten Bild sind Fehler (8). Kreise ein.

7 Was erlebte die kleine Hexe? Setze passend ein: Hexentaxi – Zauberlexikon – Galaxie – Explosion – Hexe – Text – Felix – mixte – kraxelte.

Ich bin eine kleine _____. Eines Tages wollte ich in eine fremde

_____ reisen. Ich schlug in meinem _____

nach. Nun _____ ich nach der Anweisung im _____

einen Zaubertrank. Auf einmal gab es eine furchtbare _____.

Meine Landung war hart. Ich lag in einem großen Erdloch.

Mühsam _____ ich heraus.

Oben erwartete mich eine schöne Überraschung: Kater _____!

Er brachte mich im _____ nach Hause.

8 Aufgaben 2 g ◄ Markiere in der Hexengeschichte Wörter mit dem Wortbaustein **-ung** (3). Zu welcher Wortart gehören diese Wörter? Ergänze den Merksatz.

Wörter mit dem Wortbaustein **-ung** sind immer _____.

9 Sammle viele Nomen mit dem Wortbaustein **–ung**.
Untersuche: Von welchen Wörtern sind sie abgeleitet?
Schreibe so: die Unternehmung – unternehmen, …

10 ICH▶ Suche in der Hexengeschichte das Adjektiv „schön". Finde dazu passende Wörter aus dem Wortfeld. Ein Wörterbuch hilft dir.
DU + ICH▶ Vergleicht eure Wörter. Einigt euch auf ein Adjektiv und schreibt den neuen Satz.

_____

WIR▶ Gestaltet ein Plakat zum Wortfeld „schön".

Mein Sprachbuch 3 – Arbeitsheft © 2015 Cornelsen Schulverlage GmbH, Berlin

Sprache untersuchen Wortbaustein -ung; Wortfeld „schön"

Endungen von Adjektiven

„Diese freundliche alte Dame ist die Diebin",
flüsterte Kommissar Bärenschlau.
Er zeigte auf eine große Frau mit einer
sonderbaren Brille und einer seltsamen Frisur.
Bärenschlau und sein neuer Assistent wollten
die verdächtige Person ergreifen.
Im dichten Gedränge war das aber hoffnungslos.

1 a) Schreibe alle Adjektive Wie? (9) aus dem Text in der Grundform auf.

b) ◄ Aufgaben 2 g Welche der Adjektive (5) kannst du leicht an Wortbausteinen
erkennen? Kreise diese Wortbausteine ein.

2 Bilde sinnvolle Adjektive. Verbinde Wortstamm und Wortbaustein passend.

heil

köst

rat

lang

richt

-sam   -ig
-bar   -lich
    -los

3 Verbinde die Nomen mit Adjektiven aus Aufgabe 2:

Krankheit, Apfel, Kind, Menge, Pferd, Zahl.

Schreibe so:
eine heilbare Krankheit – Die Krankheit ist heilbar.

Drei köstliche Bärchen!

Das schreibe ich in mein Lerntagebuch!

Rechtschreib-Trick:
An Regeln denken!

Kreuze richtig an:

Wörter mit den Wortbausteinen
-bar, -los, -sam, -ig, -lich sind

☐ **Pronomen** ☐ **Verben** ☐ **Adjektive.**

Eichhörn-chen

Mein Sprachbuch 3 – Arbeitsheft © 2015 Cornelsen Schulverlage GmbH, Berlin

Sprache untersuchen   Endungen: -bar , -los, -sam, -ig, -lich

4 Kommissar Bärenschlau sucht in seinem neuen Fall Rupert Rüpel.
Kreise die gesuchte Person ein.

Rupert Rüpel trägt
eine karierte Kappe.
Er hat einen Schnauzbart.
Er trägt eine Rose
im Jackett.

5 a) ICH Ergänze die Tabelle. Suche weitere passende Wörter einer Wortfamilie.
Deine Wörterliste ab Seite 76 oder ein Wörterbuch helfen dir.

b) DU + ICH Vergleicht eure Tabellen. Kontrolliert euch gegenseitig.

c) WIR Stellt die Wortfamilien, die ihr gefunden habt, in der Klasse vor.
Besprecht, ob die Wörter zu dieser Übung passen.

Nomen 🖐 ddd MZ	Verb ich	Adjektiv Wie?
die Lesung		
	erfolgen	
		zahllos
	eilen	
die Haltung		

6 Betrachte das Bild oben. Wähle aus:

a) Berichte für eine Zeitung über Kommissar Bärenschlaus neuen Fall.
Schreibe, was wichtig ist: sachlich, knapp und genau.

b) Schreibe wie ein Krimiautor über den Fall. Verwende passende
Wörter für Angst. Schreibe in der 1. Vergangenheit.

c) Zeichne den Komissar und beschreibe ihn. Verwende viele Adjektive.
Schreibe in der Gegenwart.

Mein Sprachbuch 3 – Arbeitsheft © 2015 Cornelsen Schulverlage GmbH, Berlin

Sprache untersuchen Wortfamilien; Wortarten

Satzdetektive

1 In dem Buch „Schnüffelnasen an Bord"
machen der Hund Hubertus und der Floh Pock
Jagd auf Juwelendiebe. Nimm folgenden
Satz aus dem Buch unter die Lupe.

Mit halbgeschlossenen Augen
murmelte Hubertus: „Morgen
gehen wir auf Verbrecherjagd."

Redesatz — *„Morgen gehen wir*

Begleitsatz

Subjekt

Nomen

Pronomen   Adjektiv

2 Was kannst du in dem Satz noch entdecken? Schreibe die Merkmale in die Lupen.

Streiche, was falsch (2) ist.

Das sind Wortarten:
Nomen, Verb, Vokal, Ausruf, Artikel.

Maulwurf

Mein Sprachbuch 3 – Arbeitsheft © 2015 Cornelsen Schulverlage GmbH, Berlin

Sprache untersuchen · sprachliche Strukturen untersuchen

3 Was entdeckst du in diesem Satz?

> Ein großes Foto von Hubertus war auf der Titelseite einer großen Tageszeitung abgedruckt.

Satzart

_____

_____

_____

_____

_____

_____

_____

_____

4 DU + ICH ▸ Vergleicht, was ihr über den Satz herausgefunden habt.

5 Wähle einen Satz aus einem Buch oder einer Zeitschrift aus. Untersuche ihn ebenso.

Mein Sprachbuch 3 – Arbeitsheft © 2015 Cornelsen Schulverlage GmbH, Berlin

sprachliche Strukturen untersuchen

Sprache untersuchen

SB Detektive · Seite 110

Wörter mit doppeltem Vokal

① Betrachte das Bild. Schreibe zu jedem Lernwort einen Satz.
Markiere Besonderheiten. Sprich dazu. Beispiel: See . . . mit **ee**

② Untersuche das Wort **See** mit diesem Seestern.

andere Sprache

besondere Stelle

SEE

verwandte Wörter

Reimwörter

Wortart

③ **DU + ICH** ▸ Findet verwandte Wörter. Das Wörterbuch kann euch helfen.

Meer *die Meerestiere,*

leer

Haar

Boot

Beere

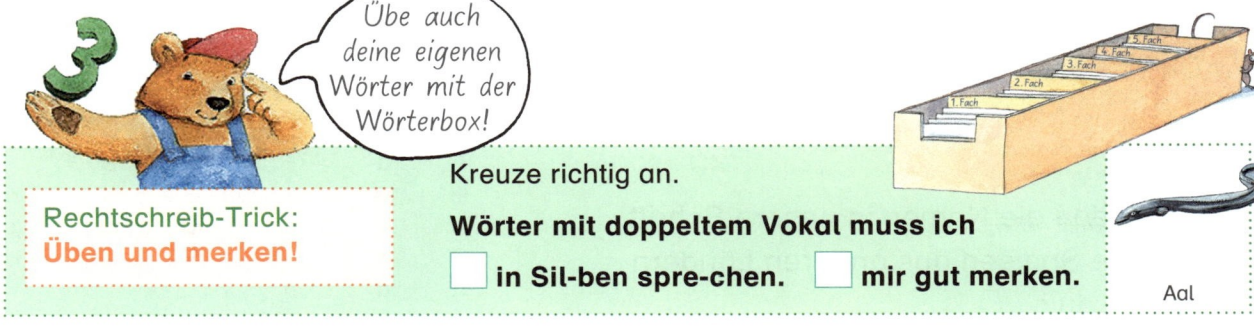

Übe auch
deine eigenen
Wörter mit der
Wörterbox!

Rechtschreib-Trick:
Üben und merken!

Kreuze richtig an.

Wörter mit doppeltem Vokal muss ich

☐ **in Sil-ben spre-chen.** ☐ **mir gut merken.**

Aal

Mein Sprachbuch 3 – Arbeitsheft © 2015 Cornelsen Schulverlage GmbH, Berlin

Richtig schreiben   Rechtschreibbesonderheit: doppelter Vokal

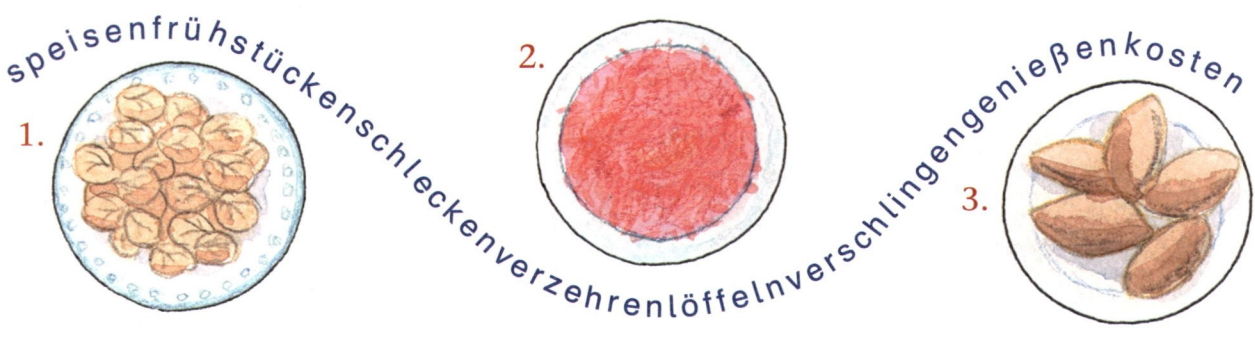

speisenfrühstückenschleckenverzehrenlöffelnverschlingengenießenkosten

1.

2.

3.

④ Ziehe nach jedem Verb einen Strich. Welches Wortfeld erkennst du?
Wortfeld _____ Schreibe die Verben (8).

⑤ Setze passende Verben aus dem Wortfeld **essen** ein.

Heute ist der letzte Schultag vor den Sommerferien. Hasan und seine Eltern fahren in ein Restaurant am Alpsee. In einem großen Saal essen (_____) *sie zuerst eine Suppe. Als Hauptgang* essen (_____) *sie geräucherte Aalspieße und als Nachspeise* essen (_____) *sie Vanilleeis mit heißen Himbeeren. Danach machen sie eine Fahrt mit einem Ruderboot und blicken auf die schneebedeckten Alpen.*

⑥ Schreibe Wörter aus der Wort**familie** essen.

⑦ Samuel verbringt seine Ferien in Moskau. In Russland spricht man russisch. Die Wörter werden in kyrillischen Buchstaben geschrieben. Was isst Samuel am liebsten? Schau auf die Speisen oben.

1. _____ **Пельме́ни**

2. _____ **Борщ**

3. _____ **Пирожки́**

Übertrage die Namen in unsere Schrift. Welche Speisen aus anderen Ländern kennst du?

Groß	Klein	Deutsch	Groß	Klein	Deutsch
А	а	a	Р	р	r
Б	б	b	С	с	ß
В	в	w	Т	т	t
Г	г	g	У	у	u
Д	д	d	Ф	ф	f
Е	е	e	Х	х	ch
Ж	ж	sh	Ц	ц	tz
З	з	s	Ч	ч	tsch
И	и	i	Ш	ш	sch
Й	й	j	Щ	щ	schtsch
К	к	k	Ы	ы	y
Л	л	l	Ь	ь	j
М	м	m	Э	э	ä
Н	н	n	Ю	ю	ju
О	о	o	Я	я	ja
П	п	p			

SB Bei uns und anderswo • Seite 112, 115

Anredepronomen

Wörterschule

☐ i h r e
☐ i h n e n
☐ s i e
☐ i h r

1 Lies die Lernwörter. Welche Wortart erkennst du?

☐ Nomen ☐ Adjektive ☐ Pronomen ☐ Artikel

2 **WIR** Am Ende der 3. Klasse sprechen die Kinder mit ihrer Lehrerin über das nächste Schuljahr. Wie könnten sie sich darauf vorbereiten? Soll man in den Ferien lernen? Sprecht darüber. Beachtet die Gesprächsregeln.

3 Kyrill schreibt dazu seiner Lehrerin eine E-Mail. Was fällt dir auf?

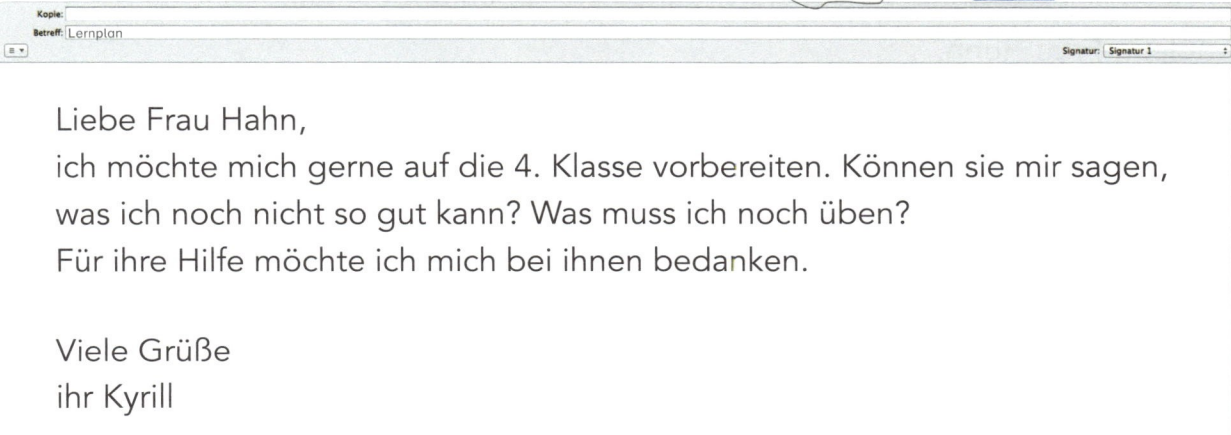

Kopie:
Betreff: Lernplan
Signatur: Signatur 1

Liebe Frau Hahn,

ich möchte mich gerne auf die 4. Klasse vorbereiten. Können sie mir sagen, was ich noch nicht so gut kann? Was muss ich noch üben?
Für ihre Hilfe möchte ich mich bei ihnen bedanken.

Viele Grüße
ihr Kyrill

4 Kyrill ist höflich. Seine Lehrerin spricht er mit „Sie" an. Was hat er falsch gemacht? Achte auf die Pronomen. Berichtige sie (4).

5 a) Wie kann Kyrill Anredepronomen richtig schreiben? Gib ihm einen Tipp.

b) Was schreibst du in dein Lerntagebuch?

Rechtschreib-Trick:
An Regeln denken!

Ergänze:
Die Anredepronomen in der Höflichkeitsform

schreiben wir _____ .

Schaf

6 Im See spiegeln sich Pronomen. Schreibe sie richtig in die Zeilen.
Kreise nur die Anredepronomen in der Höflichkeitsform (5) ein.

7 Auch Anna schreibt eine Mail. Ergänze die Anredepronomen.

Liebe Frau Hahn,

ich bin sehr froh, dass wir [   ] nächstes Jahr wieder als Lehrerin haben.

Fahren wir mit [   ] dann wieder ins Schullandheim? [   ] lustigen

Lieder und Geschichten haben uns allen gut gefallen. Für das nächste Schuljahr

werde ich [   ] Proben aus der 3. Klasse noch einmal wiederholen.

Herzliche Grüße, [   ] Anna

8 a) Was antwortet Frau Hahn? Lies und berichte.

lieber kinder,

vielen dank für eure interessanten mails. ich verspreche euch, dass wir in

der 4. klasse wieder ins schullandheim fahren werden. ihr habt alle sehr fleißig

gelernt, darum sollt ihr eure ferien jetzt auch richtig genießen. wer für das

neue schuljahr etwas üben möchte, der kann diese mail fehlerfrei abschreiben.

ich wünsche euch schöne ferien!

b) Welche Wörter schreibst du groß (14)? Kennzeichne sie mit einem ↑ Pfeil.

c) Kreise im letzten Satz die Satzglieder (4) ein. Wie kannst du sie umstellen?
Schreibe eine Möglichkeit fehlerfrei auf.

d) Worauf freust du dich in der 4. Klasse? Schreibe deiner Lehrerin/deinem Lehrer
eine E-Mail. Erzähle auch von deinen Bedenken oder Sorgen.

Sprache untersuchen   Satzglieder umstellen

Der Hahn und der Diamant

In Afrika scharrte ein einsamer, hungriger Hahn auf einem Misthaufen nach essbaren Körnern und fand einen kostbaren Diamanten. Er war unmutig und stieß den Diamanten mit den Worten beiseite: „Was nützt einem hungrigen Hahn ein kostbarer Stein? Mit seinem Besitz bin ich wohl reich, aber nicht satt. Wie gerne würde ich diesen für mich wertlosen Schatz um nur zehn köstliche Gerstenkörner geben!"

Das Brot, das heilsam dich ernährt,
ist mehr als Gold und Perlen wert.
(nach Aesop)

1 Unterstreiche in dem Text oben alle Adjektive.

2 Kreise die Wortbausteine ein, mit denen du Adjektive bilden kannst.

| -nis | -los | -ung | -ig | -lich | -bar | -heit | -sam | -keit |

3 Bilde aus den folgenden Nomen Adjektive.

die Gewalt, der Gedanke, der Schein, das Wunder, der Schlaf, die Acht

4 Aus diesen Verben kannst du Nomen bilden. Welchen Wortbaustein brauchst du dazu? Schreibe die Nomen mit Artikel auf. Kreise den Wortbaustein ein.

erziehen _____   befreien _____

aufregen _____   entwickeln _____

unterhalten _____   entfalten _____

5 Bilde mit diesen Satzgliedern einen sinnvollen Aussagesatz.

| PLANE | EINE FAHRRADTOUR | IN DIESEM SOMMER |

| ICH | NACH WIEN | MIT MEINEM VATER |

Mein Sprachbuch 3 – Arbeitsheft © 2015 Cornelsen Schulvertage GmbH, Berlin

6 a) Kreise in beiden Sätzen die Satzglieder ein.

In den Ferien spielt Leo oft draußen.

Die Familie verbringt ihren Urlaub auf dem Zeltplatz.

b) Ersatzprobe: Ersetze im ersten Satz das Prädikat durch ein anderes.

c) Umstellprobe: Stelle im zweiten Satz die Satzglieder um.

7 Das gibt es doch überhaupt nicht!

Setze die Nomen richtig zusammen und schreibe sie mit Artikel auf.

Mittelboot   Schneemeer   Ruderkissen   Moosbeere   Stachelkristall

8 Finde in jeder Zeile die Fehler. Streiche und schreibe die Wörter richtig daneben.

Leo fährt gerne mit den Taksi.

Lilia schreipt vile Texte fehlerfrei ab.

9 In jeder Zeile passt ein Wort nicht. Streiche es durch.

speisen   naschen   verzehren   abwischen   fressen

schön   prächtig   majestätisch   herrlich   bewundern

lachen   mitteilen   kichern   schmunzeln   prusten

Was kannst du gut? Was willst du üben? Notiere in deinem Lerntagebuch.

LERNTAGEBUCH

Wie konntest du die Aufgaben lösen?
Male unter jede Aufgabennummer ein passendes Gesicht:
☺ Leicht!   😐 Es geht!   ☹ Ich muss dazu noch üben.

Wortarten testen

1 Nomentest: 🖐 anfassen   [ddd] Artikel   [MZ] Mehrzahl
Teste und kreuze passend an. Schreibe nur die Nomen (8) mit Artikel auf.

	Nomen	sonstige Wörter		Nomen	sonstige Wörter
🖐 [ddd] [MZ] SCHRECK	X	☐	🖐 [ddd] [MZ] WANN	☐	☐
🖐 [ddd] [MZ] MENSCH	☐	☐	🖐 [ddd] [MZ] WOCHE	☐	☐
🖐 [ddd] [MZ] GERN	☐	☐	🖐 [ddd] [MZ] PLÖTZLICH	☐	☐
🖐 [ddd] [MZ] SALZ	☐	☐	🖐 [ddd] [MZ] STÜCK	☐	☐
🖐 [ddd] [MZ] ELTERN	☐	☐	🖐 [ddd] [MZ] ABEND	☐	☐
🖐 [ddd] [MZ] LUFT	☐	☐	🖐 [ddd] [MZ] AUF	☐	☐

_____

_____

2 Verbtest: [ich] Nur zu Verben gibt es Personalformen. Schreibe.

steh|en, leg|en, komm|en, ess|en (isst), woll|en (will)

ich -e	du -st	er/ sie/ es -t	wir -en
stehe	*stehst*		

3 Adjektivtest: [Wie?]   Wie ist ...? oder Wie sind ...?
Unterstreiche Adjektive (12) grün, Verben (4) rot, Nomen blau (8).

JUNG, JUNGE, HEIßEN, HEIß, KURZ, KÜRZEN, STARK, STÄRKE, ALT, ALTER,

LÄNGE, LANG, GLÜCKEN, GLÜCKLICH, HOCHZEIT, HOCH, KLEIN,

VERKLEINERN, SCHNELLIGKEIT, SCHNELL, WEIT, WEITE, HELL, HELLIGKEIT

Sprache untersuchen   Wortarten

Unregelmäßige Verben

1 `ICH` Manche Verben können ihren Stammvokal verändern.
Darum nennen wir sie unregelmäßige Verben.
Betrachte die Tabelle. Welche Verben (3) sind unregelmäßig?
Wann und wie ändert sich der Stammvokal? Markiere und erkläre.

Grundform	Gegenwart	1. Vergangenheit	2. Vergangenheit
holen	wir holen	wir holten	wir haben geholt
suchen	wir suchen	wir suchten	wir haben gesucht
gehen	wir gehen	wir gingen	wir sind gegangen
laufen	wir laufen	wir liefen	wir sind gelaufen
trinken	wir trinken	wir tranken	wir haben getrunken

2 `DU + ICH` Ergänzt die Tabelle. Verwendet die Wir-Form. Findet für die leeren
Zeilen weitere unregelmäßige Verben aus der Wörterliste ab Seite 76.

Grundform	1. Vergangenheit	2. Vergangenheit
geben	wir	wir
denken		
sprechen		
rufen		

3 `WIR` Vergleicht eure Tabellen. Erstellt eine Liste der unregelmäßigen Verben.
Ergänzt dabei die Er-Form.

Mein Sprachbuch 3 – Arbeitsheft © 2015 Cornelsen Schulverlage GmbH, Berlin

Begriff	Mein Merksatz	Schreibe Beispiele:
Alphabet	Das Alphabet hat 26 Buchstaben: 21 Konsonanten und 5 Vokale.	
Umlaut	Umlaute sind besondere Laute.	
Zwielaut (Diphtong)	Ein Zwielaut besteht aus zwei Buchstaben.	
Silbe	Ein Wort besteht aus einer oder mehreren Silben. Jede Silbe hat einen Silbenkern.	
Trennung	Wir trennen am Zeilenende die Wörter nach Silben. Achtung: Ein Buchstabe allein, das darf nicht sein!	
Wortbaustein	Wörter bestehen aus Wortbausteinen.	
Vorsilbe Nachsilbe	Vorsilben und Nachsilben sind Wortbausteine. Vorsilben können den Sinn eines Wortes verändern. Nachsilben können die Wortart verändern.	
Wortarten	Wir kennen verschiedene Wortarten.	
Nomen **Nomentest:**	Merk dir bloß: Nomen schreibt man groß.	
Einzahl / Mehrzahl	Nomen können in der Einzahl oder in der Mehrzahl stehen.	
zusammenge-setzte Nomen	Wir können Nomen zusammensetzen. Der Artikel richtet sich nach dem letzten Nomen.	

Sprechen

Welche Begriffe kennst du?

Begriff	Mein Merksatz	Schreibe Beispiele:
Artikel **bestimmter Artikel** **unbestimmter Artikel**	Artikel begleiten Nomen. Der Artikel bestimmt das Geschlecht des Nomens.	
Pronomen	Pronomen ersetzen Nomen.	
Verb **Verbtest:** ich **Grundform/ Personalform** **Verben stehen in verschiedenen Zeitformen**	Die Wortart Verb sagt uns nun, was wir machen oder tun. Verben haben eine Grundform und Personalformen. Verben sagen, ob etwas geschieht – Gegenwart oder geschah – 1. Vergangenheit oder geschehen ist – 2. Vergangenheit.	
Adjektiv **Adjektivtest:** Wie?	Auf die Frage: Wie ist ...? oder Wie sind ...? antwortet ein Adjektiv. Ein Adjektiv hat eine Grundform.	
zusammengesetzte Adjektive	Zusammengesetzte Adjektive beschreiben genauer.	
Wortfeld	Wörter, die eine ähnliche Bedeutung haben, gehören zu einem Wortfeld.	
Wortstamm	Ich schneide vom Verb die Endung ab, damit ich gleich den Wortstamm hab.	
Wortfamilie **verwandte Wörter**	Wörter einer Wortfamilie haben den gleichen oder einen ähnlichen Wortstamm. Wörter einer Wortfamilie sind verwandte Wörter.	
Satzarten	Es gibt verschiedene Satzarten.	

Lern-
tagebuch!

Begriff	Mein Merksatz	Schreibe Beispiele:
Aussagesatz	Ein Aussagesatz endet mit einem Punkt.	
Fragesatz	Ein Fragesatz endet mit einem Fragezeichen: ?	
Ausruf	Nach einem Ausruf schreiben wir ein Ausrufezeichen!	
Aufforderungs-satz	Wir können unterschiedlich auffordern.	
Redebegleitsatz	Der Begleitsatz vor der wörtlichen Rede endet mit einem Doppelpunkt:	
Wörtliche Rede	Wörtliche Reden haben Anführungszeichen: „ _ _ _ .“	
Satzzeichen	Punkt, Fragezeichen, Ausrufezeichen sind Satzzeichen. Auch Kommas, Doppelpunkte und Anführungszeichen sind Satzzeichen.	
Satzglieder	Ein Satz besteht aus Satzgliedern. Satzglieder können wir umstellen, ersetzen oder weglassen. Wir können Sätze erweitern oder verkürzen.	
Subjekt	Das Subjekt antwortet auf die Frage: „Wer oder was?“ Das Subjekt kann ein Nomen oder ein Pronomen sein.	
Prädikat	Auf die Frage „Was tut jemand?“ oder „Was geschieht?“ antwortet das Prädikat. Das Prädikat ist ein Verb. Das Prädikat ist der Satzkern.	
Absatz / Zeile	Ein Absatz beginnt immer mit einer neuen Zeile.	Markiere auf dieser Seite einen Absatz; kennzeichne eine Zeile so: ➜
Spalte	Tabellen haben Spalten.	Kennzeichne in dieser Tabelle eine Spalte so: ➜

Sprechen

Wörterliste

Grundwortschatz für die Jahrgangsstufen 1, 2 und 3

einschließlich der Häufigkeitswörter

Der zusätzlich angebotene Wortschatz ist mit * gekennzeichnet.

der **Aal***,
die Aale

ab

der **Abend**,
die Abende

aber

acht*

alle

alles*

als

also

die **Ameise**,
die Ameisen

antworten –
er antwortet

der **Apfel**,
die Äpfel

der **April***

arbeiten –
er arbeitet

der **Arm**,
die Arme

der **Arzt**,
die Ärzte

der **Ast***
die Äste

auf

die **Aufgabe**,
die Aufgaben

das **Auge**,
die Augen

der **August***

aus

das **Auto**,
die Autos

das **Baby**,
die Babys

backen –
er backt/er bäckt,
er backte/er buk

baden –
er badet

die **Bahn***,
die Bahnen

die **Bank**,
die Bänke

die **Batterie***,
die Batterien

der **Bauch**,
die Bäuche

der **Baum**,
die Bäume

die **Beere***,
die Beeren

bei

der **Berg**,
die Berge

beten* –
er betet

das **Bett***,
die Betten

die **Biene**,
die Bienen

bieten* –
er bietet, er bot

das **Bild**,
die Bilder

die **Birne**,
die Birnen

blau

bleiben –
er bleibt, er blieb

blicken* –
er blickt

die **Blume**,
die Blumen

die **Blüte**,
die Blüten

bohren –
er bohrt

das **Boot***,
die Boote

böse

brauchen –
er braucht

braun

die **Braut***,
die Bräute

die **Bremse***,
die Bremsen

brennen –
er brennt,
er brannte

die **Brille***,
die Brillen

bringen –
er bringt,
er brachte

das **Brot**,
die Brote

der **Bruder**,
die Brüder

der **Bub**,
die Buben

das **Buch**,
die Bücher

bunt

der **Cent**,
die Cents
(aber: 3 Cent)

der **Chef***,
die Chefs

der **Clown**,
die Clowns

der **Computer**,
die Computer

da

der **Dachs***,
die Dachse

danken –
er dankt

dann

das

davor*

denken –
er denkt,
er dachte

der

des

der **Dezember***

dich

dick

die

der **Dienstag***,
die Dienstage

das **Ding**,
die Dinge

dir

doch

der **Donnerstag***,
die Donnerstage

das **Dorf**,
die Dörfer

die **Dose**,
die Dosen

draußen

dreckig*

drucken –
er druckt

du

dumm

dunkel

durch

dürfen –
er darf, er durfte

der **Durst***

E

das **Ei,**
die Eier

die **Eidechse*,**
die Eidechsen

eins *

das **Eis**

elf *

das **Ende,**
die Enden

eng

die **Ente,**
die Enten

er

die **Erde**

erlauben –
er erlaubt

erst

es

der **Esel,**
die Esel

essen –
er isst, er aß

etwas

euer*

der **Euro,**
die Euros
(aber: 10 Euro)

die **Explosion*,**
die Explosionen

F

fahren –
er fährt, er fuhr

fallen –
er fällt, er fiel

fangen* –
er fängt, er fing

der **Februar***

die **Feder,**
die Federn

fein

das **Fenster,**
die Fenster

fett*

finden –
er findet, er fand

der **Finger,**
die Finger

der **Fisch,**
die Fische

der **Fleiß***

fliegen* –
er fliegt, er flog

fließen* –
er fließt, er floss

fragen – er fragt

die **Frau,**
die Frauen

der **Freitag*,**
die Freitage

fremd

die **Freude*,**
die Freuden

freuen* –
er freut sich

der **Freund,**
die Freunde

die **Freundin*,**
die Freundinnen

frieren* –
er friert, er fror

frisch

die **Frucht*,**
die Früchte

der **Frühling**

der **Fuchs,**
die Füchse

fühlen* – er fühlt

führen* – er führt

füllen* – er füllt

der **Füller,**
die Füller

fünf *

für

der **Fuß,**
die Füße

G

die **Gabel,**
die Gabeln

die **Galaxie*,**
die Galaxien

der **Garten,**
die Gärten

geben –
er gibt, er gab

die **Gefahr*,**
die Gefahren

gehen –
er geht, er ging

der **Geist***
die Geister

gelb

das **Geld,**
die Gelder

das **Gemüse,**
die Gemüse

die **Geschichte,**
die Geschichten

gestern

gesund

gießen* –
er gießt, er goss

glatt*

die **Glocke*,**
die Glocken

das **Glück,**
glücklich

das **Gras,**
die Gräser

groß

grün

der **Gruß*,**
die Grüße

grüßen* –
er grüßt

gut

H

das **Haar,**
die Haare

haben –
er hat, er hatte

der **Hai,** die Haie

der **Hals,**
die Hälse

halten* –
er hält, er hielt

die **Hand*,**
die Hände

das **Handy,**
die Handys

hart*

der **Hase,**
die Hasen

hassen* –
er hasst

das **Haus,**
die Häuser

die **Haut*,**
die Häute

die **Hecke*,**
die Hecken

her

das **Herz*,**
die Herzen

heute*

die **Hexe,**
die Hexen

hier

der **Himmel,**
die Himmel

hinter

hoch

holen – er holt

hören – er hört

die **Hose,**
die Hosen

der **Hund,**
die Hunde

der **Hut*,**
die Hüte

die **Hütte*,**
die Hütten

Wörterliste

I

ich

im

immer

in

die **Information***,
die Informationen

das **Internet***

ist → sein

J

ja

die **Jacke***,
die Jacken

das **Jahr,**
die Jahre

der **Januar***

der **Juli***

der **Junge,**
die Jungen

der **Juni***

K

der **Käfer**,
die Käfer

der **Kaiser**,
die Kaiser

kalt*

der **Kater***,
die Kater

die **Katze,**
die Katzen

das **Kind**,
die Kinder

die **Kiste**,
die Kisten

die **Klasse**,
die Klassen

das **Kleid**,
die Kleider

klein

die **Klingel***,
die Klingeln

kommen –
er kommt, er kam

der **König***,
die Könige

können –
er kann, er konnte

der **Kopf**,
die Köpfe

krank

kratzen* –
er kratzt

das **Kraut***,
die Kräuter

kraxeln* –
er kraxelt

kriechen* –
er kriecht,
er kroch

kurz

L

der **Lachs***,
die Lachse

lang, länger

lassen –
er lässt, er ließ

laufen –
er läuft, er lief

laut

leben – er lebt

leer*

legen –
er legt

der **Lehrer***,
die Lehrer

leicht

leise

lenken* –
er lenkt

der **Lenker***,
die Lenker

lernen – er lernt

leuchten* –
er leuchtet

die **Leute**

das **Lexikon***
die Lexika/
die Lexiken

lieb*

lieben –
er liebt

liegen –
er liegt, er lag

der **Löwe**,
die Löwen

die **Luft**,
die Lüfte

M

machen –
er macht

das **Mädchen**,
die Mädchen

der **Mai**

malen –
er malt

der **Mann,**
die Männer

das **Märchen**,
die Märchen

der **März***

die **Maus**,
die Mäuse

das **Meer**,
die Meere

mehr*

der **Mensch**,
die Menschen

merken –
er merkt

das **Messer***,
die Messer

die **Milch**

die **Minute***,
die Minuten

mit

der **Mittwoch***

mixen* – er mixt

der **Monat***,
die Monate

der **Montag***
die Montage

das **Moos***,
die Moose

müssen –
er muss,
er musste

die **Mutter**,
die Mütter

N

nach

die **Nacht***,
die Nächte

die **Nadel**,
die Nadeln

nagen* –
er nagt

der **Name**,
die Namen

nass*

der **Nebel**,
die Nebel

nein

nett*

neu

neun*

nicht

der **Nikolaus***,
die Nikoläuse/
die Nikolause

die **Nixe***,
die Nixen

der **November***

nun

nützen* –
er nützt

O

ob

der **Ochse***,
die Ochsen

oder

der **Oktober***

die **Oma**,
die Omas

der **Onkel**,
die Onkel

der **Opa**,
die Opas

P

packen* –
er packt

der **Partner**,
die Partner

pfeifen* –
er pfeift, er pfiff

das **Pferd**,
die Pferde

die **Pflanze**,
die Pflanzen

der **Pinsel**,
die Pinsel

der **Platz**,
die Plätze

das **Pony***,
die Ponys

das **Popcorn***

die **Pumpe***,
die Pumpen

QU

das **Quadrat**,
die Quadrate

der **Quatsch**

die **Quelle**,
die Quellen

R

der **Rabe**,
die Raben

raten* –
er rät, er riet

die **Ratte***,
die Ratten

die **Raupe**,
die Raupen

rechnen –
er rechnet

reden – er redet

der **Regen**

reiben* –
er reibt, er rieb

reisen –
er reist

reißen* –
er reißt, er riss

die **Reparatur***,
die Reparaturen

riechen –
er riecht, er roch

der **Ring**,
die Ringe

rollen – er rollt

rot

rufen –
er ruft, er rief

rund

S

die **Sache** ,
die Sachen

der **Saft***,
die Säfte

sagen –
er sagt

das **Salz**,
die Salze

sammeln* –
er sammelt

der **Samstag***,
die Samstage

satt*

der **Satz**,
die Sätze

saugen* –
er saugt

das **Schaf**,
die Schafe

schauen* –
er schaut

scheinen –
er scheint,

er schien

schenken –
er schenkt

die **Schere**,
die Scheren

schlafen –
er schläft,
er schlief

schlecht

schließlich*

schlimm

schmecken* –
er schmeckt

die **Schnecke***,
die Schnecken

der **Schnee**

schneiden –
er schneidet,
er schnitt

schnell

schon

schön

schreiben –
er schreibt,
er schrieb

die **Schule**,
die Schulen

schützen –
er schützt

schwarz

schweigen* –
er schweigt,
er schwieg

die **Schwester**,
die Schwestern

sechs

der **See**,
die Seen

sehen* –
er sieht, er sah

sehr

die **Seife**,
die Seifen

sein –
er ist, wir sind

die **Seite**,
die Seiten

die **Sekunde***,
die Sekunden

der **September***

setzen* –
er setzt

sie

sieben

der **Sieg***,
die Siege

singen –
er singt, er sang

sinken* –
er sinkt, er sank

sitzen –
er sitzt, er saß

die **Skizze**,
die Skizzen

das **Smartphone***,
die Smartphones

so

sollen –
er soll

der **Sommer**,
die Sommer

die **Sonne**,
die Sonnen

der **Sonntag***,
die Sonntage

sparen –
er spart

spielen –
er spielt

spitz*

die **Spitze**,
die Spitzen

der **Sport**

sprechen* –
er spricht,
er sprach

springen –
er springt,
er sprang

der **Stab***,
die Stäbe

stark

steigen –
er steigt, er stieg

der **Stein,** die Steine

stellen – er stellt

der **Stern,** die Sterne

das **Steuer*,** die Steuer

der **Stick*,** die Sticks

der **Stiel*,** die Stiele

die **Straße,** die Straßen

der **Strauß*,** die Sträuße

die **Stunde,** die Stunden

suchen – er sucht

süß*

T

der **Tag,** die Tage

die **Tante,** die Tanten

die **Tasche,** die Taschen

die **Tasse*,** die Tassen

tasten* – er tastet

das **Taxi,** die Taxis

das **Telefon,** die Telefone

der **Teller*,** die Teller

der **Text,** die Texte

tief

der **Tisch,** die Tische

die **Tomate,** die Tomaten

tragen* – er trägt, er trug

der **Traum*,** die Träume

trinken – er trinkt, er trank

trocken*

tun – er tut, er tat

turnen – er turnt

U

üben – er übt

über

die **Uhr,** die Uhren

um

und

V

der **Vampir*,** die Vampire

die **Vase,** die Vasen

der **Vater,** die Väter

verletzen* – er verletzt

verlieren – er verliert, er verlor

verstecken – er versteckt

viel

vier

der **Vogel,** die Vögel

die **Vorfahrt***

die **Vorsicht***

vom*

von*

vor

vorher*

W

wachsen* – er wächst, er wuchs

die **Waffel*,** die Waffeln

während*

wann

warm*

warten – er wartet

was

waschen* – er wäscht, er wusch

das **Wasser,** die Wasser

wechseln* – er wechselt

der **Weg,** die Wege

weil

weinen – er weint

weit

weiter

wer

werden – er wird, er wurde

werfen – er wirft, er warf

das **Wetter*,** die Wetter

die **Wiese,** die Wiesen

wild*

der **Wind,** die Winde

winken* – er winkt

der **Winter,** die Winter

wir

wo

die **Woche,** die Wochen

der **Wolf,** die Wölfe

die **Wolke,** die Wolken

wollen – er will, er wollte

das **Wort,** die Worte

wünschen – er wünscht

die **Wurst,** die Würste

die **Wurzel,** die Wurzeln

X

Y

Z

die **Zahl,** die Zahlen

zahlen – er zahlt

zählen – er zählt

der **Zahn,** die Zähne

der **Zaun*,** die Zäune

zehn

zeigen – er zeigt

die **Zeit,** die Zeiten

das **Zelt,** die Zelte

die **Ziege,** die Ziegen

ziehen – er zieht, er zog

zielen – er zielt

das **Zimmer,** die Zimmer

zuletzt

zusammen

zwei

der **Zwerg*,** die Zwerge

zwölf *